100位

为新中国成立作出突出贡献的英雄模范人物

佟麟阁

褚当阳 刘 爽/编著

★

吉林文史出版社

图书在版编目（CIP）数据

佟麟阁 / 褚当阳，刘爽编著. -- 长春：吉林文史出版社，
2011.4（2022.4重印）
（100位为新中国成立作出突出贡献的英雄模范人物）
ISBN 978-7-5472-0527-3

Ⅰ．①佟⋯ Ⅱ．①褚⋯ ②刘⋯ Ⅲ．①佟麟阁（1892～1937）—
生平事迹 Ⅳ．①K825.2

中国版本图书馆CIP数据核字(2011)第050702号

佟麟阁

TONGLINGE

编著/ 褚当阳 刘爽

选题策划/ 王尔立 责任编辑/ 王尔立

装帧设计/ 韩璘

出版发行/ 吉林文史出版社

地址/ 长春市福祉大路5788号 邮编/ 130118

电话/ 0431-81629363 传真/ 0431-86037589

印刷/ 天津海德伟业印务有限公司

版次/ 2011年4月第1版 2022年4月第6次印刷

开本/ 640mm×920mm 1/16

印张/ 9 字数/ 100千

书号/ ISBN 978-7-5472-0527-3

定价/ 29.80元

《100位为新中国成立作出突出贡献的英雄模范人物》丛书

★★★★★

编 委 会

/100位

为新中国成立作出突出贡献的英雄模范人物/

八女投江	于化虎	小叶丹	马本斋	马立训	方志敏
毛泽民	毛泽覃	王尔琢	王尽美	王克勤	王若飞
邓 萍	邓中夏	邓恩铭	韦拔群	冯 平	卢德铭
叶 挺	叶成焕	左 权	诺尔曼·白求恩		任常伦
关向应	刘老庄连	刘伯坚	刘志丹	刘胡兰	吉鸿昌
向警予	寻淮洲	戎冠秀	朱 瑞	江上青	江竹筠
许继慎	阮啸仙	何叔衡	佟麟阁	吴运铎	吴焕先
张太雷	张自忠	张学良	张思德	旷继勋	李 白
李 林	李大钊	李公朴	李兆麟	李硕勋	杨 殷
杨子荣	杨开慧	杨虎城	杨靖宇	杨闇公	萧楚女
苏兆征	邹韬奋	陈延年	陈树湘	陈嘉庚	陈潭秋
冼星海	周文雍、陈铁军夫妇		周逸群	明德英	林祥谦
罗亦农	罗忠毅	罗炳辉	郑律成	恽代英	段德昌
贺 英	赵一曼	赵世炎	赵尚志	赵博生	赵登禹
闻一多	埃德加·斯诺		夏明翰	格里戈里·库里申科	
狼牙山五壮士	聂 耳	郭俊卿	钱壮飞	黄公略	
彭 湃	彭雪枫	董存瑞	董振堂	谢子长	鲁 迅
蔡和森	戴安澜	瞿秋白			

前　言

　　每个人的心中都多少有一点英雄情结，都向往英雄、景仰英雄。也正因此，在中华人民共和国建国六十周年之际，由中央十一部委联合组织开展的"100位为新中国成立作出突出贡献的英雄模范人物和100位新中国成立以来感动中国人物"的评选活动中，群众参与投票总数近一亿。这其中的每一张选票，都表达了人们对英雄模范的崇敬之情，寄托着对伟大祖国的美好祝福。

　　一个民族不能没有英雄，否则这个民族就不会强大。当国家危难之时，懦弱者选择了逃避、妥协甚至投降，英雄们却挺身而出，用热血捍卫民族的尊严，人民的幸福。在创立和建设新中国的伟大历程中，涌现出无数可歌可泣的英雄模范人物。他们之中，有为了民族独立和人民解放而英勇牺牲的革命先烈，有为了党和人民的事业而不懈奋斗的优秀共产党员，有在全民族抗战中顽强奋战、为国捐躯的爱国将士，有英勇杀敌的战斗英雄和革命群众，有积极从事进步活动的著名民主爱国人士和国际友人……他们是民族的脊梁、祖国的骄傲，是激励全体人民团结奋斗的精神力量。

　　《100位为新中国成立作出突出贡献的英雄模范人物传记》丛书，就像一部星光璀璨的英雄谱，真实、完整地记录了英雄模范人物不平凡的一生，再现了他们非凡的人格魅力和精神世界。"头颅可断腹可剖"的铁血将军杨靖宇，"毫不利己，专门利人"的白求恩，"抗战军人之魂"张自忠，"砍头不要紧"的夏明翰，"俯首甘为孺子牛"的文化斗士鲁迅……一串串闪光的名字，一个个动人的故事，犹如群星闪烁，光耀中华。

　　如今，战火已熄，硝烟已散，英雄已逝，我们沐浴在和平的幸福之中。在和平年代，人们不会忘记为今日的和平浴血奋战的英雄们，英雄的故事永远不会结束。让我们用英雄的故事唤醒我们心中的激情，为中华民族的伟大复兴而奋斗。

生平简介

佟麟阁（1892–1937）男，汉族，河北省高阳县人，中国国民党党员。

佟麟阁早年参加护国讨袁战争，曾任冯玉祥部陆军第十一师第二十一混成旅旅长。1926年9月五原誓师后，随部参加北伐。1928年起，任国民革命军第二集团军第三十五军军长、暂编第十一师师长、第二十九军副军长。1933年率部参加长城抗战，取得喜峰口大捷。同年5月，参加察哈尔抗日同盟军，任第一军军长兼代理察哈尔省主席，跟随冯玉祥驰骋察省，打击日军，收复失地，为察省光复作出了贡献。1936年，任国民革命军第二十九军副军长，驻守平津一带。卢沟桥事变后，他率部奋勇抗击日本侵略军。7月28日，在北平城外南苑的第二十九军司令部遭受四十余架敌机的轮番轰炸，并有三千人的机械化部队从地面发动猛烈攻击。他与一三二师师长赵登禹誓死坚守阵地，指挥二十九军拼死抗击。战斗进行得十分激烈。后奉命向大红门转移，途中再遭日军包围，在组织部队突击时，被机枪射中腿部。部下劝其退下，他执意不肯，说"个人安危事小，抗敌事大"，仍率部激战。头部再受重伤，流血过多，壮烈殉国。1937年7月南京国民政府发布命令，追赠他为陆军上将。1945年后，北平市政府将南沟沿改名为佟麟阁路，以示纪念。

1892-1937

[TONGLINGE]

◀ 佟麟阁

目录 MULU

混战验军力 / 019

第一次直奉战争后,佟麟阁随冯玉祥驻守北京南苑,被选拔进入"陆军检阅使署高级教导团"带职培训。在一年的训练学习中,他的军事理论素质和军事技能都有较大提高。

30-31岁

政变卫京师 / 024

第二次直奉战争爆发,为拥护孙中山完成中国统一,佟麟阁参加了"首都革命",为打击和牵制北洋军阀势力以及北方革命势力的发展立下了汗马功劳。

32-33岁

■参加北伐铲除军阀(1926-1928) / 029

南口遏军威 / 030

军阀混战中冯玉祥失利下野,国民军主力退守南口,在"讨赤联军"的进攻下,展开了震惊全国的南口大会战。佟麟阁在这场战争中,准确地分析战场形势,有效地进行战略部署,展示了其杰出的军事指挥才能。

34岁

五原誓北伐 / 037

在五原誓师后,佟麟阁以及全体国民军将士集体加入国民党,在中国大西北举起北伐革命的火炬。

34-35岁

陇南施政忙 / 042

佟麟阁受命前往天水,坐镇陇南,兼任陇南镇守使,他主持推行一系列行政、财政政策,刷新吏治,厉行改革。

35岁

36-37岁

游子还故乡 / 047

进驻甘肃河州时，佟麟阁为避免民族争端，引咎辞职返回故乡，为家乡人民造福。

■同盟抗日还我河山(1929-1936) / 051

立马望东北 / 052

中原大战失败后，佟麟阁随冯玉祥隐退到山西汾阳峪道河。九·一八事变后，他毅然返回二十九军，训练部队抵御外侮。

37-38岁

坐镇张家口 / 057

佟麟阁担任察哈尔省警务处长，兼领省会张家口市公安局长。他严格执法，不徇私情，使得毗邻日伪控制区的察哈尔省地方治安十分出色。

40岁

隐遁待报国 / 062

协助冯玉祥在张家口成立了"察哈尔民众抗日同盟军"，佟麟阁代理察哈尔省主席兼民政厅厅长。在蒋介石与日伪集团的合围下，抗日同盟军夭折，佟麟阁愤然离开部队，退居北平的香山寓所，等待报国时机。

40-41岁

南苑练精兵 / 069

佟麟阁复出就任二十九军副军长，驻南苑二十九军军部，主持全军事务，成立抗日军事训练团。

42-44岁

■献身民族喋血南苑(1937) / 077

临危担重任 / 078

七七事变前夕北平外围形势严峻，二十九军统帅宋元哲离开北平，佟麟阁临危受命，担任二十九军代理军长，成为整个北平地区直接负责者。

45岁

血染卢沟写忠烈（代序）

"战死者光荣，偷生者耻辱。荣辱系于一人者轻，而系于国家民族者重。国家多难，军人应当马革裹尸，以死报国。"这是抗日英雄佟麟阁在一次军事会议上决心誓死抗击日本侵略者的慷慨誓言。在卢沟桥头强敌压境之时，在民族危亡之秋，佟将军更是挺身而出，亲赴疆场，从容指挥，身先士卒，直至壮烈殉国，成为中国全面抗战开始后牺牲的第一位高级将领。佟将军以其英雄的一生诠释了一名军人的铮铮铁骨和忠烈之魂。

将军志存高远。为使国家繁荣昌盛，将军曾发奋读书。为挽救民族于危亡之际，将军于16岁投笔从戎，从此戎马半世，无暇照料年迈的双亲，不屑沉醉于妻儿的温柔。即使是老父病重，妻子生日，也不肯离开前线一步。将军把毕生的爱都擎献给了祖国，擎献给了人民。

将军雄心伟略。九·一八后，日军铁蹄长驱直入，长城沿线危在旦夕，面对着强敌的飞机和大炮，将军毫无惧色，激昂陈词："誓以满腔热血洒遍疆场。保我河山，复我失地。"在将军与无数爱国将士的倡导下，长城抗战终于爆发。将军从容坐镇张家口，维持局势，运筹帷幄，使前方将士无后顾之忧，令华北父老多一分希望。尔后，将军与吉鸿昌、方振武同心戮力，不顾蒋介石"侈言抗日者杀无赦"的严令，出张北，克康宝，复多伦，旌旗指处，所向披靡，兵锋所到，敌酋胆寒。将军无愧中华健儿之称号，将军之胆略，青史永垂。

将军正气凛然。"七七"深夜，日军在卢沟桥头点燃了全面侵华的烽火。大敌压境，"黑云压城城欲摧"。平津危急、华北危急，国家处于生死存亡的紧急关头。将军挺身而出，以气贯长虹之志，向冯治安、何基沣等下达了"立即还击，卢沟桥即为尔等之坟墓，应与桥共存亡"的命令，从而揭开了中华民族全面抗战的序幕。将军的命令，大长了中国军队的志气；将军的气节，极大鼓舞了二十九军的军心。"威武不能屈，富贵不能淫"，将军以自己的行动告诉一切侵略者，中国人民是不甘屈辱的，中华民族是不容欺凌的。将军的凛凛浩气，成为八年抗战中中国人民群起效仿的楷模。

将军为国捐躯。南苑一战，日军凶残暴决。将军以寡敌众，以弱敌强，却始终从容不迫，指挥若定。直至敌军蜂拥增援，我军后继无力被困大红门。面临绝境，将军仍身先士卒，舍死拒敌，右腿中弹，鲜血淋漓。为保存将士之生命，将军奋力指挥突围，负痛跃马，纵横驰骋，血染征衣，终于饮恨疆场，杀身成仁。

将军死节堪称壮烈，将军雄风，千古永存。

雄鸡催晓，日月如梭。至今将军已长眠地下 73 载了。半个世纪，风云激变，中国经受了艰苦的磨炼，历尽沧桑，终于迎来了新的黎明。中华民族终于岿然屹立于世界民族之林。将军为之奋斗一生的梦想实现了。当我们昂首挺胸大步走在中华民族复兴的道路上时，我们永远不会忘记那些为争取民族独立而英勇献身的先烈，永远不会忘记 73 年前为保卫祖国、保卫古都北京而洒尽碧血的佟麟阁将军！愿将军之魂长存！愿将军之灵安息！

投笔从戎维护共和

(1892—1925)

→ 少立报国志

（0-19岁）

　　清朝末年，中国内受腐败的清王朝的统治，外受西方列强的欺凌，人民生活在水深火热之中。位于易水之南，保定之东的河北高阳县，更是饱受内忧外患之苦。

　　1892年10月29日，南方的暑气尚未消退，北方的秋色已经遍染整个燕赵大地。这一天，对于高阳县边家坞村的普通农户佟焕文一家是个大喜的日子，他的媳妇胡氏为他生了一个儿子。这个孩子就是45年后，在卢沟桥事变中壮烈殉国、被国民政府追授为陆军上将的佟麟阁将军。

　　佟麟阁原名佟凌阁（殉国后公布通令表彰时，把"凌"字误写成"麟"字，遂沿用至今），又名书元，字捷三。佟麟阁在家排行老大，他还有一个弟弟，名禄阁。从佟麟阁的名字可以看出，他的父母对于这个长子寄托了很大的希望，祈盼他将来能够有所作为，成为国家栋梁之材。

1894 年，中日甲午战争爆发，中国战败并签订了《马关条约》。西方列强从此加剧了对中国的侵略和瓜分。在这个时期，注定了像佟焕文这样生活在中国最底层的千百万老百姓的命运十分悲苦。饱受苦难和压迫的佟麟阁父母深知知识的重要，把一切希望都寄托在佟麟阁的身上。在佟麟阁 7 岁的时候，父母就把他送到其舅舅的教馆，由其舅舅胡先生教他训读经史之书。母亲经常教育佟麟阁要发奋读书，不仅是光耀祖先，更重要的是为国雪耻。父亲给佟麟阁讲得最多的历史故事是班超的"投笔从戎"、马援的"马革裹尸"、岳飞的"精忠报国"。舅舅在教他经史之际，也常常以"忠孝节义"来训诫他。在这样的环境下成长的佟麟阁，自幼仰慕的就是班超、马援、岳飞这样精忠报国的民族英雄，他幼小的心灵中孕育出爱国图强的萌芽。

佟麟阁聪颖好学，尤其喜欢读书。他通过浏览《高阳县志》，对于自己家乡的历史有了更为深层的理解。高阳县为古代战国时期燕王高阳君的故城，自古燕赵多慷慨悲歌之士，征匈灭虏，代出奇伟义烈之人。如明末督师孙文正公承宗，经略辽蓟，声威所摄，清兵不敢深入。后守卫高阳城，城破为清兵所执。公北面再拜曰："臣力竭矣，以一死报国。"乃率子孙十九人，投缀殉节。其正气郁勃，深为麟阁所敬仰。他立志要像所敬仰的先贤一样，为国家的兴亡尽匹夫之责。随着年龄阅历的增长，胡先生逐步将一些西方的社会科学和人文思想介绍给佟麟阁，使他逐渐认识到了清政府的腐败和没落的原因，救国图存的思想也逐渐由朦胧朴素转为明朗化。

佟麟阁读书期间，随着帝国主义侵略触角的不断延伸，空前严重的民族危机进一步加剧。反帝爱国的义和团运动开始燃遍全国，导致帝国主义的侵华势力受到严重打击。为保护列强在中国的特权，1900年八国联军发动侵华战争。中外反动势力联合绞杀了义和团运动。义和团运动虽然失败了，但是中国人民在"反清灭洋"斗争中所表现出来的不畏强权、敢于斗争的英雄气概给予了少年佟麟阁以莫大的鼓舞和巨大的力量，使他对于革命的大趋势寄予了深切的期望。佟麟阁在课余时间，如饥似渴地阅读了《春秋》、《纲鉴》和梁启超的《饮冰室合集》，还广泛涉猎了《富国强兵之道》、《中国魂》等书报文章，这些富国强兵的爱国思想，在佟麟阁心中扎下了根，他真切地希望通过自己学到的知识来寻找到一条救国救民的道路。

1907年，佟麟阁已经15岁了，按照家乡的风俗，他迎娶了本县女子彭静智。这段婚姻虽然是父母之命、媒妁之言，但是他们的性格却十分契合。从此，佟麟阁在以后的征途中多了一个得力的帮手和坚定的支持者。

随着年龄的增长，佟麟阁追求进步、寻求新学的欲望也越来越强烈。封闭落后的农村已经禁锢了他的思想，他一心想要到外面的世界看一看，希望外面的世界能给他未来的生活带来一丝光明前景。

1908年，16岁的佟麟阁经父亲的一位好友介绍，凭借自身出众的文采和过硬的书法功力考入高阳县县公署，做了一名缮写员。这是一个比较清闲的文职类差事，不是什么官员，但每月可以挣十两银子。这在那个年代就可以负担一家五口人的生活了。佟麟阁由一个从来没有进过县城的农村娃成为县公署的公差，这在高阳县边家坞村可是第一位，不仅佟麟阁的父母十分自豪，就连村里乡亲也为佟家感到高兴。

在县公署作缮写员的这段时间，不仅是佟

△ 佟麟阁将军墨宝（16岁在高阳县公署时所写）

麟阁思想觉悟转变的开端，而且也是他一生思想发展最快的一个时期。当时，帝国主义的疯狂掠夺、地主豪绅的无情搜刮使得民生凋敝，整个社会经济到了濒于崩溃的边缘。他看到贫病交加的老百姓从早到晚不停从事着奴隶式的劳动，却依然食不果腹，衣不遮体，生活在水深火热之中。对贫苦百姓的深切同情，使他痛恨清政府在政治上的腐败无能。他身处新旧社会力量尖锐冲突的地方和新旧社会思想激烈碰撞的场所，他憎恨清末官场上人们习以为常的丑恶行为，追求革新进步的新生活。在他看来，这个"封建"大厦的根基早已动摇，离这个"大厦"轰然倒塌的日子已经不远了。

1911年10月10日辛亥革命爆发，民主革命思潮震荡全国。具有民主救国思想之士纷纷走上民主革命道路。同年11月，冯玉祥、王金铭、施从云等响应武昌革命，举行滦县起义。沉寂多年的中国北方一时间风起云涌，革命空气迅速弥漫。佟麟阁开始把目光转向对民主革命的关注。每天从报纸中去了解民主革命发展的形势，佟麟阁准备用自己的方式迎接新的革命高潮的到来。

→ 投笔从军旅

　　形势的转变带来思想的转变，思想的转变又带来行动的转变。面临着动荡的时局，佟麟阁暗下决心，要投笔从戎，以救亡图存为己任。1912年2月12日，清帝宣统溥仪下诏退位，孙中山建立了中华民国。第二年，冯玉祥在备补军左路统领陆建章手下担任前营管带（营长）时，奉令在河北省景县自行招募新兵成立前营。佟麟阁慕冯玉祥爱国之名，毅然投笔从戎，成为冯玉祥所统率的前营左哨哨兵。

　　佟麟阁的父母一向以儿子在县公署当差而感到光荣，听说儿子要放弃令全村人都羡慕不已的工作而去当兵，他们自然想不通。他们找到佟麟阁，想要说服他安心回去当差，放弃从军的想法。佟麟阁虽然不忍让父母失望，但更无法放弃自己从戎报国的决心。他决定做通妻子彭静智的思想工作，希望得到她的支持，以争取父母对他的理解。彭静智尽管很不舍得丈夫离开，但她经过慎重思考，慢慢理解了丈夫救国救民的抱负，决心做一名革命的支持者。

从军后，佟麟阁随前营部队开回北京，来到南苑接受训练。佟麟阁由于训练不怕苦，成绩优异，从军不到三个月就被升为第一朋什长（班长）。同年7月，佟麟阁凭借较高的军事素质和政治水平很快被提拔为右哨（排）哨长（副排长）。

1913年8月，冯玉祥任备补军左翼第一旅旅长兼第一团团长的时候，他认为信奉基督教的人不仅识字，讲卫生，不吸大烟，还允许妇女放足，宣传平等博爱等思想，这些都是好事。于是他在北京通过刘芳牧师的介绍，加入基督教，并把基督教引入军中，作为练兵的补助方法，用以教育官兵效法耶稣的献身精神，为国为民，勇于牺牲，借以转变部队乃至当时社会的不良风气。

当时佟麟阁在民国备补军左翼第一团任排长。由于受到了耶稣基督的自我牺牲、宽恕和博爱精神所感召，开始了解和信奉基督教。冯玉祥在《模范军人问答》中这样评价佟麟阁："他是一个极虔诚的基督徒。能克己，能耐劳，从来都不说谎话。别人都说他是正人君子。"这可以说是对佟麟阁个人秉性和宗教信仰的一个极好的概括。

佟麟阁能成为一个极为虔诚的基督徒，应该说是多方面因素造成的。首先是他对于冯玉祥本人的发自内心的敬慕和追随，先生所提倡的自然极力去做。更为重要的是，耶稣为救世人而受苦难至死的精神在佟麟阁的思想上引起了强大的共鸣。一位投笔从戎的军人，其从军的宗旨是十分明确的，要克尽救国卫民的天职。

佟麟阁自入伍之日起，就矢志报国，苦练杀敌本领，始终站在冯玉祥拥护孙中山倡导的民主共和及国民革命的立场上。他沉默寡言，谦恭谨慎，正直忠毅，治军严明，常以孔子"见利思义，见危授命"及岳飞"文官不爱钱，武官不惜死"等语以自励和励人。平时与士卒同甘共苦，严守纪律，以身作则；每逢作战，辄身先士卒，奋不顾身，战绩卓著。冯玉祥奇其才，累加超擢，直至提拔为将军。

→ 护国讨袁贼

1914 年, 冯玉祥担任第十六混成旅旅长。22 岁的佟麟阁在该旅第一团第三营第二连担任连长, 驻防陕西。2 月, 赵登禹在该连入伍。佟麟阁慧眼识英才, 他见赵登禹骁勇过人, 遂结成生死之交, 还荐之于冯玉祥, 提为马弁。

就在佟麟阁精心带兵, 准备为民族复兴而效力的时候, 第一次世界大战爆发。1915 年 1 月, 日本帝国主义向中国北京政府提出了旨在变中国为其独占殖民地的"二十一条", 并武力威胁中国。5 月 7 日, 日本政府发出最后通牒, 强迫袁世凯答应其"二十一条"内容。袁世凯为了取得日本帝国主义对其称帝的支持, 接受了日本提出的条件。国亡无日,

△ 佟麟阁   △ 冯玉祥

　　佟麟阁与全国人民一样，在得知这一消息后无比
愤怒。他立即向部队做了通报，并号召全体官兵
下定决心练好队伍，准备同日本帝国主义反抗到
底。从此该旅以日本为假设敌来训练部队，他们
期待有朝一日能够以过硬的军事本领，反抗日本
帝国主义的侵略行径，雪我国耻。

　　1915 年 4 月，冯玉祥率第一团入四川。因为
他痛恨袁世凯勾结日本，出卖主权，坚决反对
袁世凯窃国称帝，乃与蔡锷合作，改编该旅为护
国军第五师，参加护国之役。冯玉祥竭力促成四
川督军陈宦独立，使袁世凯陷于孤立。袁知大
势已去，在内外交困、举国唾骂声中忧惧而死。

黎元洪继任总统，令陈宧率部入京。冯玉祥决定取道汉中北返。当时冯玉祥告诫官兵："冻死不准入民宅一步，饿死不取民间一粟。"出发时，冯玉祥与佟麟阁率全体官兵，把成都凤凰山营储存的子弹数百万发扛的扛，挑的挑，抬的抬，全部运走。由于川陕山路崎岖险峻，官兵负荷较重，长途行军，十分疲劳。佟麟阁一路反复阐述冯玉祥的话："子弹是用人民的血汗换来的，爱惜子弹，就是爱惜民力。"他在不断激励官兵的同时，自己也勇挑重担，严守纪律，终于克服行军中的各种困难，到达河北廊坊驻地。

在整个回防的行军路上，佟麟阁耿直忠毅、谦恭谨慎的性格和严于律己、以身作则的作风在官兵中留下了深刻的印象。在冯玉祥的部队，官兵平等实行最早，执行最力，效果最好。佟麟阁则是实行官兵平等的模范。在佟麟阁的连队里，官兵平等成为一种方式、一种习惯、一种制度。他率先废除了连级以上小厨房制，官兵同在一口锅里吃饭，相互关系十分融洽，大大提高了部队的战斗力。

作为早在西北军和第二十九军时期的知己老战友张寿龄，在后来谈到佟麟阁的治军之道时这样说："治军的主要三个要素为带兵、练兵和用兵，而带兵尤为重要。他在带兵上一直与士兵同甘共苦，朝夕相处，对部属的身态、性格、专长等均甚了解，而在管教上却严而不厉。部属对他心悦诚服。因而有'菩萨'雅号之称。他从来不发脾气，总是以德驭众，以理服人。他不矜不骄，不居功，不畏难。"

佟麟阁在基层带兵治军的方法和经验伴随了他的整个军旅生涯。在他成长为高级将领后，依然保持着优良的作风。冯玉祥曾称赞"佟善练兵，心极细"。他经常与士兵接触，对于士兵的呼声和心态了解得十分清楚。一旦了解到新的情况，佟麟阁都及时地加以处理。如发现士兵有饮食减少和夜不安眠，他就要查明是士兵本身患病还是接到了家中的来信。若是前者，就指示立即加以医治，若是后者，就查明是否士兵家中有了困难。查明真相后，就及时加以救济，使士兵没有后顾之忧，从而稳定了军心。

佟麟阁练兵更重要的一点是赏罚分明，做到有功必赏，有过必罚。但对于如何处罚犯了错误的官兵，佟麟阁有一套他自己的处理方法。首先他取消了军中处罚的惯例，即肉体惩罚。佟麟阁认为，肉体的惩罚不仅有违人性，更重要的是这种处罚不利于犯错误者解决思想上的问题，且容易给犯错误者带来身体和思想上的包袱。因此，佟麟阁取消了肉体惩罚，而代之以各种其他形式的教育和帮助手段。如果问题严重，但又没有触及刑律，佟麟阁便责成犯错误者在适当的场合进行检讨，并提出个人的改进措施。如果能认识错误并决心改正的，就既往不咎。对于那些一般性的错误，佟麟阁主张私下规劝，不再公开地批评。如此轻重有别的处理方式深得所属部下的拥护和支持，整个军营的气氛十分融洽。

在河北廊坊驻防这段时间，部队进行了有计划有步骤的训练，战斗力显著提高。在抓紧训练的同时，佟麟阁一直在研究部队作战的战略战术，为日后参加更大规模的战役战斗奠定了坚实的军事基础。

➡ 揭竿反复辟

★★★★☆

（24—29 岁）

1916 年，在冯玉祥的部队驻防廊坊后，国务总理兼陆军部长段祺瑞认为冯玉祥参加护国之役，是不忠于北洋团体的行为，于 11

月下令调冯玉祥为直隶边防司令，提拔第一团团长杨桂棠任第十六混成旅旅长。1917年7月，张勋复辟封建帝制。杨桂棠竟然应张勋之召赶往北京开会，支持复辟。这引起了十六混成旅广大官兵的极大不满，第三营营长李鸣钟于是召集佟麟阁、刘汝明等连长开会，商议反对张勋复辟的办法。会上大家认为杨桂棠既然附和了张勋，就不应承认他是旅长。然而，部队缺乏具有号召力和凝聚力的指挥，佟麟阁想到了冯玉祥，希望请冯玉祥出山，领导部队揭竿反复辟。冯玉祥从天津回到廊坊领导讨逆军事，发动了影响整个燕

△ 张勋

△ 张勋复辟纪念币

赵大地的"廊坊起义"。

在这次起义中，佟麟阁一马当先，破坏津浦铁路，以阻止张勋由徐州调兵进京。随即他又率领全连官兵迎敌于万庄，击败敌军。战斗刚一结束，他便接到冯玉祥进攻北京的命令。佟麟阁立即响应，率领部队一路小跑抵达北京，指挥部队从右安门入城，以进攻天坛守军为突破口，率先击败张勋主力。佟麟阁在这次战斗中的英勇表现给复辟帝制的张勋以沉重打击，大大鼓舞了部队士气。佟麟阁也因此被任命为第十六混成旅第一团第一营副营长。

张勋被击败后，段祺瑞重任国务总理，夺得北京政权，大搞专制与卖国。他主张武力统一中国，任命冯玉祥兼任湖南湘西镇守史，并派遣第十六混成旅由北京进驻湖南常德与护法军作战。而一向反对内战的冯玉祥则在湖北武穴通电主和。在十六旅进驻常德后，佟麟阁带领部队随全旅官兵一起与护法军和平相处，以抓部队整训为主要任务，维持地方治安，厉行禁烟禁毒，很快就在驻地树立了良好的革命军队形象，深受常德人民的爱戴与拥护。

驻防常德期间，冯玉祥注意培养干部，组织教导团，选拔优秀勇敢士官为学员，施以战术原则、野外勤务、筑城学、简易测绘等课目训练，又设置官佐体操团，注重器械操、劈刀、刺枪、拳击等切合实战的训练。为提高官兵文化素质，冯玉祥还把丧权辱国的"二十一条"写成字帖，既使官兵识字，又使其不忘国耻。佟麟阁在这些训练中,领会要领最快,理解也最为透彻,这对提高佟麟阁的军政素养起到了很大的作用。

1920 年 9 月,冯玉祥率部离开常德,经津市进驻汉谌家矶,尔后又困驻河南信阳。因当时直系军阀吴佩孚认为冯玉祥既非直系,又未参加直皖战争,不给该旅发薪饷,官兵只得以盐水和杂粮勉强度日。此时佟麟阁在第十六混成旅第四团(团长刘郁芬)任第二营营长,驻防湖北汉口和信阳。面对如此困境,他始终恪守军人保家卫国的天职,他以"饿死事小,失节事大"和"真爱民,不扰民"的道理,勉励该营官兵,严守军纪,同甘共苦,共渡难关。对于军中功课和操练,仍按照冯玉祥所编的《练兵纪实》,照常进行。

不管是在什么时间,还是在何等艰苦的环境下,佟麟阁走到哪里,都要做一些有益于当地老百姓的事儿,以造福于人民,换取人民对部队的信任与支持。在信阳,佟麟阁组织部队为信阳城区翻修街道,并带头在街道两旁植树栽花。信阳当地的老百姓看到佟麟阁的部队确实在为他们办实事、办好事,都拍手称赞。当地老百姓都不约而同地加入到翻修街道和植树栽花的劳动中来,有的老百姓还为官兵打来开水,有的帮官兵缝补破旧的衣服,有的甚至还为官兵带来了小节目,把劳动现场的气氛搞得异常热闹和融洽。军民共甘苦、军民同快乐在这里体现得淋漓尽致。

1921年,北洋政府撤换皖系陕西督军陈树藩,委任直系第二十师师长阎海文继任皖系陕西督军一职。陈树藩抗命不交,阎海文决定以武力接收。北洋政府派遣冯玉祥的第十六混成旅支持阎海文武力接收陕西督军。冯玉祥率部担任前敌总指挥,并将所属部队分为三个纵队,由河南向陕西进军。佟麟阁所在营属于第三纵队。他率领部队在藩阳镇将陈部姚振乾击败,并在韩信镇以东与陈军展开激战,迫使其退入西安城内,佟麟阁率部首战告捷。冯玉祥指示部队乘胜追击,向督军府开炮。面对大军压境,陈树藩不得已弃城经咸阳逃往陕南。阎海文任陕西督军后,为表示谢意,把以冯玉祥为旅长的第十六混成旅扩编为陆军第十一师,并为整个部队解决了粮饷问题。佟麟阁任改编后的陆军第十一师二十二混成旅第四十四团(团长宋哲元)第二营营长。不久阎海文因军阀内部争夺失势而自杀,冯玉祥接任陕西督军。

→ 混战验军力

★★★★★

（30—31 岁）

　　1922 年，列强势力虎视眈眈，各路军阀混战犹酣。整个中华大地硝烟四起，整个政治舞台乌烟瘴气。4 月，第一次直奉战争爆发，冯玉祥为了摆脱陕西省长刘振华的种种掣肘，以"助直战奉"为名，率部进入河南攻打豫督赵倜。冯玉祥任命佟麟阁所率部队为先头部队。为标明先头部队与敌军的区别，佟麟阁命令所部官兵都佩着"害民贼，瞄准打"的臂章，攻打奉军。战争刚一开始，第十一师第二十五混成旅李鸣钟所部就首战告捷。然而豫督赵倜佯示附和直系，却暗中与奉方勾结；又误信奉方告捷的战报，于 5 月 5 日派其弟赵杰率四十营由开封出发，偷袭郑州。当时郑州守军直系靳云鹗兵力单薄，冯玉祥

投笔从戎维护共和

急调刘郁芬、宋哲元两团前往援助。宋哲元的先头部队佟麟阁营于5月8日由火车运输到达郑州，这时赵杰已攻到郑州东北四五里的地方，郑州形势相当危急。佟麟阁营刚下火车，立即投入战斗，一鼓作气，击溃敌人致其后退十多里。

佟麟阁在战斗中身先士卒，冒着生命危险，始终把阵地的最前沿作为自己指挥作战的现场。这次战斗出现了惊险的一幕。敌人在还击的时候，子弹瞄准勇敢的战斗指挥员佟麟阁远射而来，与佟麟阁擦身而过，他的上衣被敌人的子弹射穿了两个洞。就在佟麟阁英勇作战的同时，刘汝明率第一营到达郑州，立刻向郑州东面古城寨攻击。午夜1时，敌人派出三组敢死队，每组几十人，持红缨枪，分组直扑佟麟阁营、刘汝明营和直军张福来部。由于佟麟阁现场指挥作战经验丰富，他早已选好阵地，完成了阵地的构筑工事，并把派出一线阵地以外的两个连的部队调回，集结在一起，确保取得战斗的胜利。因此，来犯之敌不仅未能得逞，反而受到极大伤亡。9日，第十一师开始反攻，由中央突破。敌人招架不住，溃不成军，冯玉祥部紧追至开封。赵偶战败逃沪。战后，国务院总理以佟麟阁进军神速，行动果敢，给予褒扬。同时冯玉祥师长提升佟麟阁为团长。

冯玉祥到开封任河南督军后，首先扩充和整训部队，在广武、把水招募新兵，编练了两个补充团，每团两千人，由佟麟阁、门致中分别任团长，在开封演武厅训练。由于直系军阀吴佩孚排除异己，对冯玉祥明升暗降，于1922年10月31日调冯玉祥为陆军检阅使，开驻北京南苑。佟麟阁调任第二十五混成旅（旅长宋哲元）第一团团长。

冯玉祥担任陆军检阅使期间，北方无战争，得到了两年的时间来系统训练队伍。为适应尔后需要，他注重培养高级指挥人才，在南苑成立了"陆军检阅使署高级教导团"，选择得力的、有培养前途的军官进行了一次大规模的培训。佟麟阁被选入参加这个高级教导团学习，这次学习，时间持续了一年。为了排除干扰，真正达到预期的整训效果，有许多的军官是脱离军务，全力投

▷ 宋哲元

入到这次学习中的，而佟麟阁却是一方面学习，一方面还要处理团内的事务，属于带职学习。比起那些脱产的军官而言，虽然佟麟阁的时间要少得多，但他却以特有的勤奋弥补了这一点。每次上课后，他都先回到团部去处理事情，然后，就抓紧一切可能的时间学习。

佟麟阁不但善于联系实际来学习，而且善于把学到的理论知识用于指导实践。在受训期间，他只要有空闲时间，就回到团里组织练兵。他的旧部佟泽光回忆说："佟将军在二十五混成旅任团长时，曾在野外召集各级军官亲自做各种示范动作。那一次我也参加了。他做了瞄准、投弹、射击、利用地形、地物等各种基本动作。他一面讲解要领一面做示范，不但动作准确，而且所讲要领，深入浅出，大家都听得懂。他做完了示范动作后，就让大家练习，然后找出各种类型的军官加以评比，效果良好。我还记得他讲评中的一段话，他说：'只有平时把部队训练好，战时才能杀敌制胜。如果训练时松松垮垮，到了作战的时候，无异把一群穿着军装的老百姓弄到战场上去送死。艺高胆大，一个优良的射手，遇到有 10 个敌人在距离他 200 米处向他猛扑过来，他能够毫不畏惧。因为在战地跑步，200 米的距离需要 1 分钟，1 分钟的时间内可以射出 10 发子弹。这 10 发子弹弹无虚发，10 个敌人就可以全部消灭，还怕什么呢！'"

佟麟阁一向主张练兵要以身作则，率先垂范。在每次做完示范动作后，佟麟阁总是要把这些科目分成不同的类型，让受训的干部当场练习。有时遇到少数干部不会讲要领或动作不标准，佟麟阁就不厌其烦地反复做着示范，直到他们都讲会做会为止。他还要求基层的带兵干部，不但要精通技术，还要精通理论。凡是要求士兵掌握的，连、排长必须先会。他还教育和引导这些基层军官，要不畏艰苦，不怕疲劳，必须做到每次士兵训练亲自到场指挥，不可将日常操课委托于班长。

佟麟阁认为严格训练和善于训练，不仅是爱护士兵，也是提高自身战斗力的重要方法。他把自己多年的带兵经验融入训练之中，把提高队伍的士气和运用指挥艺术巧妙地结合起来，把书本上的技术战术知识和具体的敌情地形结合起来。他根据不同士兵的状况，制订了不同的训练计划。对那些接受能力较弱的士兵，他更要求连、排军官多下力气，不能怕麻烦。因为他们不远万里前来抗日，千万不能挫伤他们的积极性。而且他认为把这些士兵训练好了，在执行任务的时候，才能发挥作用，提高队伍整体战斗水平。

一年下来，佟麟阁不仅完成了学业，而且在这个高级教导团中，他的成绩始终名列前茅。冯玉祥十分欣赏这位颇具儒雅气质的将领，评价他是一位"肯于钻研学术功夫"的模范军人。这一年的战术训练和学习，对于佟麟阁理论素质的提高有很大的益处。佟麟阁就是凭借这种肯于钻研的精神，使自己逐渐成为一名善于运用各种战术的优秀指挥员。

→ 政变卫京师

★★★★★

（32—33岁）

1924年1月20日，孙中山先生在广东主持召开国民党第一次全国代表大会，确定了"联俄、联共、扶助农工"三大政策，实现国共两党第一次合作。这给了佟麟阁以极大鼓舞，使他看到了中国革命的希望和力量。与此同时，佟麟阁于1924年10月被冯玉祥提升为陆军第二十五混成旅旅长。

在南方革命政权初步稳定的时候，第二次直奉战争爆发。冯玉祥为推翻贿选总统曹锟，拥护孙中山完成中国统一，于 10 月 19 日发动了"首都革命"（史称"北京政变"）。他在滦平命令所部回师北京，官兵佩着"真爱民，不扰民，誓死救国"的白布臂章，日行一二百里，三天之内便抵达北京，与固守在北京城周围的曹锟的部队展开激烈战斗。

此时，佟麟阁奉命率一个加强营前往河北，增援孙岳部。佟麟阁指挥官兵采取强大攻势，一举击溃了曹锟卫队旅，打开了保定通道，为攻克保定、打击和牵制北洋军阀势力以及北方革命势力的发展立下了汗马功劳。10 月 22 日，冯玉祥接管北京全城防务，囚禁贿选总统曹锟，推翻直系军阀政府，将清逊帝溥仪清除出宫。同时，他

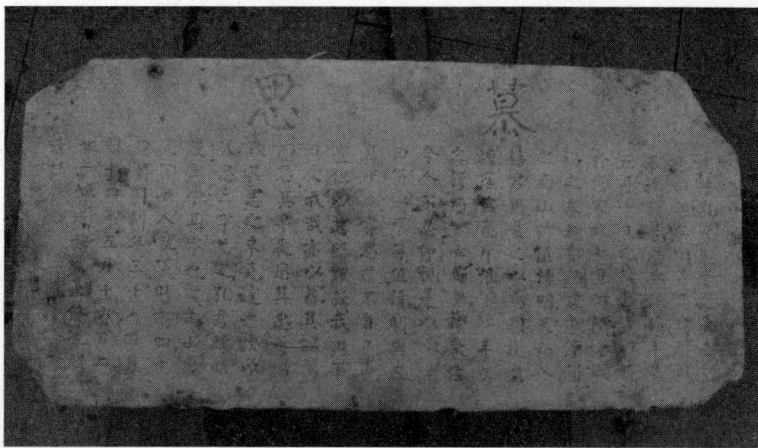

△ 佟麟阁为战友撰写的墓碑（存于丰台区文物管理所）

电请孙中山北上主持政局。第二次直奉战争以直系的失败告终。

北京政变是军阀内部矛盾发展的产物，同时也是全国革命运动，特别是南方革命运动影响的结果。政变后，冯玉祥抵京，即与胡景翼、孙岳等在北苑召开会议，决定组织国民军。他说，孙中山先生领导的党叫国民党，我们是他的军队，就叫国民军。众推冯玉祥为国民军总司令兼第一军军长，佟麟阁任该军第十一师（师长宋哲元）二十一混成旅少将旅长。

"首都革命"前夕，张作霖与冯玉祥商定在推翻曹锟后，奉军不得入关，而后来张作霖违背诺言，与段祺瑞勾结控制了北京政权。张作霖又勾结日本，出卖主权。奉军第三军副军长郭松龄对张不满，乃密约冯玉祥联合反张。冯玉祥遂命令佟麟阁率领第四师第二十一混成旅开始进攻冀东，进而攻占滦河。经过激烈战斗，佟麟阁率部成功占领滦河，冯玉祥任命他为滦河防守副司令（司令为郑金声）。

此役得到了冯玉祥的来电嘉奖，佟麟阁本应非常高兴，然而，在攻打滦河的罗家坟七里河战役中，手下的得力干将第四十四团副团长孔煦堂在指挥战斗时牺牲，这令他十分悲痛。

为表达对战友的追思，他为孔煦堂撰写了墓碑《慕思》：

呜呼！孔君煦堂之丧，去今已四矣。回忆其时转战秦豫，盛暑尘兵，依如手足。五月十日之役，君竟战死于罗家坟七里河间。方战祸之未起，尝与君游潼之南山，时值清明，天和人嬉，君独忧之，以为国政蜩螗，寇盗充斥，恨不得手刃奸猾而甘心焉，言时歌泣，令人不忍仰视。是以麟阁四年以来，每值清明与五月十日，尝思君不自已也，岂但以其临难救我与平日爱我哉，亦以慕其诚笃而悲其早丧，思其忠勇而叹其志之未克达也，故以慕思二字志之。孔君讳昭庆，煦堂其字也，世为山东定陶县人，就义时为四十四团团副，年三十有久。民国十四年五月十六日二十一混成旅旅长佟麟阁谨志。

从他撰写的碑文中可以看出，佟麟阁对老故友怀有极为深厚的情谊。

在占领滦河后，佟麟阁与郭松龄部将魏益三结"金兰之好"，改编魏益三部为国民军第四军，与冯玉祥合作反奉。不料奉系部将李景林，受日本利诱，突然进攻冯军。冯玉祥为了保卫天津，急调佟麟阁回师对李景林作战。12月佟麟阁又参加天津战役，打败李景林部。在敌军大兵增援的形势下，冯玉祥决定放弃天津，退守北京。此后，迫于形势的压力，冯玉祥同军阀张作霖、段祺瑞妥协，组成了以段祺瑞为临时执政的北洋政府。

参加北伐铲除军阀

（1926—1928）

→ 南口逞军威

　　"首都革命"后，段祺瑞夺得北京政权，为了瓦解国民军，调冯玉祥为西北边防督办，所部改称西北边防军，所以国民军又称西北军。1925 年 8 月，冯玉祥担任甘肃军务督办，兼任西北边防督办。在此期间，冯玉祥领导的西北军接受了共产党人和苏联专家的大力帮助，建立了各种军事学校。苏联顾问和一批共产党人来到国民军后，推动了国民军的正规化建设。整个国民军扩大了编制，步兵编为 12 个师。佟麟阁任扩编后的步兵第四师师长。

　　1926 年，整个北方军阀混战正酣，段祺瑞与张作霖勾结，以日本为后台，反对孙中山。在军事方面，帝国主义多方撮合张作霖、吴佩孚、孙传芳、张宗昌等，借口国民军"赤化"，组织"讨赤联军"，叫嚷消灭南北二赤，即南方的国民政府和北方的国民军。此时冯玉祥部在混战中失利。1月，在直系、奉系联合攻击下，冯玉祥被迫下野，赴苏联考察，由张之江代理国民军总司令职务。"讨赤联军"纠集四五十万之众，配备坦克、钢甲车等新式武器，以绝对的优势兵力，分五路进攻国民军。这时国民军所处的军事形势极为不利，外无援兵，内无后方，腹背受敌，而且战线颇长，东北由多伦起，西南至雁北左云县，处处受敌攻击，被迫先弃天津，退守北京。1926年4月15日，国民军又撤出北京，主力退守南口附近，展开了震动全国的持续半年之久的"南口大会战"。

南口一带地势，重峦叠嶂，鸟道崎岖，昔称天险。战前国民军曾依山界水，构筑深沟阔壕，各种枪体地堡。佟麟阁与刘汝明两师奉令防守后，又加强防御工事，前设电网，后埋地雷，阵地之坚固，前所未有。当时佟麟阁就任国民军第十一师的师长，下辖三个旅，即三十一旅、三十二旅、三十三旅。张瑞堂、赵景文、李向寅等分别任旅长。

佟麟阁在接受了防守南口、延庆方面的任务之后，立即召集了有关的人员进行研究。佟麟阁对当时的形势提出了自己的分析和看法，他认为，综合各种情况来看，目前有三方面的情况对自己有利。第一是吴佩孚等倒行逆施的所作所为，早已引起了全国人民的公愤。这次他发起的"讨赤"更是师出无名，不得人心，老百姓根本不拥护他，在舆论上就已经落了下风。第二是吴佩孚、张作霖和阎锡山这三家联合貌似强大，实际上他们是"同床异梦"，没有什么合作的基础，只是目前出于各自的利益考虑而临时组合起来的。若是打了胜仗还好，如果一旦打了败仗，就会出现各种矛盾，甚至于分道扬镳，各奔前程。只要善于利用他们之间的矛盾，就不难打败他们。第三是南口地区形势险要，易守难攻。而我方居高临下，再加上以逸待劳，克敌制胜是有一定的把握的。将这三方面的有利因素结合起来，我们虽然在军队数量上不占优势，但只要充分地利用有利的地形，构筑巧妙的防御工事，捕捉住克敌制胜的战机，充分地消耗敌人的有生力量，就一定会以少胜多，坚守住阵地，完成上级部署的任务。

开完了分析会，佟麟阁带领指挥部的人员详细考察了南口地区的地形和地势，充分研究了各种利弊条件，最终提出了五个克敌制胜的方案。一是构筑真假两个阵地，假的用于迷惑敌人，真的布置主力部队。在假的阵地之上，不仅布置了许多穿着军装的稻草人，并摆成了若隐若现的瞭望和守备的样式，而且利用各种粗细的树干，涂上了保护色，伪装成各种火炮等重武器，以吸引和迷惑敌人。为了真正地做到以假乱真，在假炮之间还间或地布置几门真的火炮，偶尔发射几发，以迷惑敌人。这种布置既可以吸引敌人，耗费他们大量的弹药，而且更重要的是可以保存住自身的实力，出其不意地打击敌人。二是设置地雷区和陷阱。在阵地前和阵地之间的开阔地带，大面积地布置地雷和陷阱，一则可以大规模地杀伤敌人的有生力量；另一方面也可以阻挡和拖延敌人装甲和坦克等机械化部队的推进速度，一旦敌人的先头装甲部队触雷迟疑之际，就集中密集的火力猛烈轰击后面的步兵。三是架设电网。南口地区已经通电，根据这个有利的条件，在阵地前架设两条电网。其中，第一条电网上安装照明设备，以监视敌人的动态，一旦电网上的照明设备被破坏，就可知道敌人已经进入了电网控制区。待到敌人进入第二条电网控制区时，合上闸门，就可以大面积地杀伤来犯的敌人。四是构筑地堡群。在主阵地前方约 30 至 40 米的地方，根据

△ 张作霖、吴佩孚、阎锡山

地形构筑隐蔽而坚固的地堡群，每个地堡配备上两挺机关枪，构成交叉火力网。五是运用车皮战术。根据我军处于居高临下的有利地势以及青龙桥地区铺设了"人"字形铁轨等便利条件，将 40 吨重的车皮装满了石子。一旦敌人装甲车簇集在阵地前向我方阵地轰击时，将装满石子的车皮迅速地由青龙桥车站滑下，撞毁敌人的装甲车队。

这些布置可以说都是固态的防御手段，在一定程度上起到了巩固阵地的作用。但佟麟阁认为一味地消极防御不是最好的防御，"虽然我们接到的任务是防守，但我们只有变消极为积极，采取主动出击与稳固防御相结合的战术，才能更好地防御"。为此，佟麟阁还灵活地运用各种战术来打击、牵制敌人，对于稳固阵地起到了极好的辅助作用。有时在防守中突然出击，给敌人一个措手不及；有时采取佯攻诱敌，将深入腹地的敌人一举围歼；有时摸清敌人的运动规律，主动伏击。虽然敌我力量对比悬殊，但在佟麟阁的指挥下，南口的阵地历时半年稳如泰山。

1926 年 7 月下旬，冯玉祥从苏联来电，告诉正在浴血奋战的将士，广东革命政府已经誓师北伐，并且已经初步达成了南北夹击，共同对付北洋军阀政府的协定。因此，冯玉祥在电文中要求坚守住南口，以达到牵制吴佩孚的主力部队，支援和配合北伐部队南上的目的。

为了贯彻冯玉祥将军的指示，驻守南口的部队进行了进一步调整，佟麟阁与刘汝明师长积极配合，想尽一切办法来达到拖延敌人的目的。由于进行了周密的战略部署，尽管敌我对比力量十分悬殊，但一直到了8月，进犯的敌军还是屯兵于坚固的阵地之前，不能突破。

面临南方吃紧的吴佩孚，不得不与张作霖达成协议："军事合作到底，政治问题以后再谈。"从而集中优势兵力向南口猛攻，以求取得一个突破口。张宗昌率直系部队向刘汝明第十师坚守的阵地进攻，而张学良率领的奉系军队向佟麟阁部所属的得胜口展开了猛攻。直奉联军的攻势十分猛烈，所有的阵地都同时告急，以至于佟麟阁不得不将直属的部队派上阵，并且亲自带着手枪队，冒着枪林弹雨，到前沿去督战。战斗一直持续了四天四夜，而佟麟阁也是四昼夜未合眼。到了第五天的时候，刘汝明所部坚守的关公岭阵地最终被敌人突破。而这时，佟麟阁从自己十分有限的部队中抽调出的增援部队赶到，与第十师的将士一起，重新夺回了阵地。

在多伦方面，吴佩孚、张作霖又联合阎锡山全面进攻国民军。国民军终因众寡悬殊，粮弹缺乏，如继续作战，十分不利，且多伦方面骑兵补给不足，人困马乏，不得已放弃多伦。这使奉军大部骑兵得以迂回到张家口，截断南口守军后路。张之江总司令命令佟、刘两师于8月15日主动撤离南口，转移于绥远境内，至五原休整。

这次南口防御战，是近代战争史上的一个比较具有典型意义的战例。虽然这次防御战就其最终的结果而言，由于敌我力量对比过于悬殊，以及其他的一些因素，最终在8月，国民军南口兵败，佟麟阁率部退至五原。但这些都不能抹杀佟麟阁在南口防守战中所显示出的杰出的指挥才能。冯玉祥在后来评价这次防御战时，称赞佟麟阁"足智多谋，是一位杰出的将才"。

→ 五原誓北伐

★★★★★

（34—35 岁）

　　1926 年 8 月，冯玉祥在得悉国民军在北洋军阀的围攻下四处溃散的消息后，十分揪心，他火速偕同苏联顾问乌斯曼诺夫和共产党人刘伯坚秘密踏上归途。9 月 16 日，冯玉祥一行赶到绥远五原，立即召集部众，商定成立国民军联军，决心重振革命旗鼓。9 月 17 日，国民军联军举行庄严的誓师典礼，这就是历史上著名的"五原誓师"。联军总司令冯玉祥在五原发表了气壮山河的就职宣言："玉祥本是一个武人，半生戎马，未尝学问，唯不自量，希图救国。""我们要解除这深切的痛苦，唯有推翻帝国主义的压迫。因此，我们要投袂而起，与革命同志们，共同担负起这个使命。现在我所努力的，是遵奉中山

参加北伐铲除军阀

先生的遗嘱，进行国民革命，实行三民主义，所有国民党一、二两次全国代表大会宣言与决议案全部接受、并促其实现！"

五原誓师中，国民军联军的全体将士集体加入国民党，并与南方的国民革命军共同形成了对北洋军阀南北夹击合围的态势。这标志着冯玉祥在中国的大西北举起了北伐革命的火炬。

此后，佟麟阁随冯玉祥绕行沙漠，平定甘陕，东出潼关，行程万余里，身经百余战。经过八个月的顽强苦战，国民军终于实现了与北伐军会师

△ 五原誓师（左穿军服者为冯玉祥，右着西服者为刘伯坚）

中原的战略目标。

当时河南军阀刘镇华奉吴佩孚命令率镇嵩军十万人围困西安，已历八个月之久。守军将领杨虎城、李虎臣屡电求援。根据以上形势，冯玉祥接受共产党人李大钊的"国民军出长安，会师郑州"的建议，遂决定"固甘援陕，联晋图豫"的战略方针。冯玉祥通告各军师长说："于本月17日在五原就任国民联军总司令职。与国民党结合一致。广东革命政府任余为委员。国民党中央党部任余为国民军党务军事政治代表。此后目的完全依照国民党主义，铲除军阀，打倒帝国主义，取消一切不平等条约。努力国民革命，联合世界上以平等待我之民族，共同奋斗。""特电布达，务特饬所部一体明晰，并转告民众，更须交相劝勉，十分奋斗。对于甘境各事，妥善处理，陇东陇南防务，尤须特别注意。大局转机，我军最后胜利均在目前也。"

冯玉祥派出了国民军联军主力部队入陕策应北伐，星夜驰援杨虎城部。在这支主力队伍之中，就有佟麟阁的身影。当时，佟麟阁任国民军第一军十一师的师长。佟麟阁深知想夺取这场战争的胜利不是那么容易的。经过缜密侦察，佟麟阁等决定采取包围迂回战术，由五原经宁夏，达平凉，急赴咸阳，进攻西安正面；经径阳攻西安城南；由左翼向敌后十里铺迂回攻击；由右翼向蓝田、临潼方面绕攻。

11月15日，佟麟阁、孙良诚率领的先头部队和于右任领导的陕军开始向咸阳发起进攻。战斗一开始就打得十分激烈，整个西安的军民都能够听见西北方向的隆隆炮声。

11月26日凌晨，佟麟阁等率部向围困西安的刘振华部发起全面总攻。经过几度激战，至11月27日晚，刘镇华终因后路被袭，全线动摇，带其匪军分别向潼关、同州、武关一带溃退。

至此，佟麟阁等部成功解除了西安之围，有力地呼应了广东革命政府的北伐战争。

1927年，四·一二反革命政变之后，蒋介石集团叛变了革命，大肆屠杀中国共产党人，出现了宁汉分裂的政治局面。在全国政治局面上出现了北京、南京和武汉三个政权鼎立之势。在这种形势下，唯一的革命政权——武汉国民政府定下了继续北伐的大政方针，先打奉系的张作霖，与冯玉祥的军队会合，再回过头来痛击叛变革命的蒋介石集团。因此，将冯玉祥统率的国民军改编为国民革命军第二集团军，任命冯玉祥为总司令，佟麟阁担任改编后的国民革命军第三十五军军长。

4月21日，北伐军开始沿京汉路向河南开封进军，而冯玉祥也于5月1日在西安宣布就职，并将所辖的部队分兵五路，由陕西进军河南，前锋直指北京的张作霖集团。佟麟阁在五路集团军中任第五路集团军的副总司令、第十一师师长，率领各部于5月东出潼关，克洛阳，占孟津，8日就已经到达了偃师。这时，奉军的援军到达，企图阻止十一师的前进。佟麟阁率部在黑石关与之展开了激烈的战斗。佟麟阁指挥部队凭借着黑石关的险要地势，痛击奉军。最后，奉军的援军力量不支，只得向孝义退却。佟麟阁率部会合了第三路军，乘胜追击，连续攻克了孝义、郑州。6月1日，与北伐军的唐生智部队在郑州胜利会师。6月2日，占领了中原重镇河南开封。至此，将奉系军阀逐出了河南，基本上完成了预期的北伐第一期目标。会师以后的国民革命军在河南、山东两省境内与直系、奉系军阀的军队继续作战，可谓是战无不胜、攻无不克。

七·一五事变之后，宁汉合流。冯玉祥所辖的部队也归属了南京政府。佟麟阁率部转战河南、山东、河北各省，屡立战功。

→ 陇南施政忙

★★★★★ （35 岁）

1926 年 11 月，冯玉祥兼任陕西省主席。1927 年 1 月，佟麟阁受命率第十一师前往天水，坐镇陇南，兼任陇南镇守使。当时的陇南镇守使下辖陇南 14 县，包括天水、秦安、甘谷、武山、清水、西河、徽县、成县、两当、通渭、西固、礼县、武都和文县。佟麟阁身为陇南的最高军事行政长官，主持推行西北军的一系列行政、财政政策，刷新吏治，厉行改革。

在佟麟阁之前，军阀孔繁锦任陇南镇守使，控制了天水及其周围地区七八年，财、政、军大权集于一身，自设县长，财政收入自己控制，任意发行铜币、纸币。据县志记载："镇守使孔繁锦动辄改动币制，银价昂涨，民众

▷ 陇南风景

困苦不堪。"西北军进驻天水后，首先帮助地方整顿财政金融，"十五年（民国），孔出走，冯军驻防，停用以前各纸币，使行西北银行纸币，兼用四川铜币。不久，西北银行、农工银行设立银洋纸币，兑现周转，活动金融"。天水的财政状况才得以好转。

佟麟阁为了整理地方文化和帮助地方培养人才，积极实行教育改革，将原有的劝学所改组为教育局，"共职责举凡学区之划分，经费之筹措与保管，学校及社会教育之设施，义务教育之推行，民众教育之扩充，学龄儿童之调查均属焉，其系统直属教育厅，为县政府组织之一，受教育厅及县长之监督指挥；其组织有局长、县督学、教育委员、科长、科员等名目，并附设教育行政设计委员会与教育经费稽核委员会，各有专司"。佟麟阁帮助地方创建学校，鼓励贫寒人家的子弟读书并给他们以帮助，个别佼佼者还保送到兰州、北京等地方深造，为发展教育和地方文化作出了贡献。

佟麟阁的这一系列行动，受到了当地民众的一致拥护。佟麟阁在地方之所以如此得民心，一则是措施得力，二则也是他本人以身作则，凡是颁布的各种政令，他都首先做到，并且十分地清廉。在他的带动下，各级官员也都加以仿效，即使是心怀不满的人也在表面上表示拥护，这就形成了大范围的成果，整个地区呈现出一派欣欣向荣的景象。

佟麟阁治理地方有一个好习惯，那就是常常微服私访，亲自深入到下层去体察民情，了解实际情况。有一次佟麟阁到某县视察，发现该县的县长一贯为非作歹、贪赃枉法。县长知道佟麟阁对此类人深恶痛绝，为了保住自己的乌纱帽不丢，竟然千方百计地托各种关系向佟麟阁疏通行贿。佟麟阁严词拒绝，并当即撤销了他的官职。当地的百姓得知贪官被撤职的消息后，都奔走相告，拍手称快。

佟麟阁为民做实事，百姓也忘不了他。当佟麟阁离职他任时，陇南的绅民都依依不舍，相送者达万余家。

中国人民大学教授张同新后来在《留得正气在人间——纪念佟麟阁将军》一文中，谈到佟麟阁当年在陇南的工作时这样写道："佟将军驻军天水，兼任甘肃省陇南镇守使。此后，由于风云变幻，国民联军的性质虽然发生变化，但佟将军在担任地方镇守使期间，仍尽自己的力量，刷新吏治，兴办地方福利事业，厉禁烟毒，提倡妇女放足，创建学校、孤儿院等教育慈善事业，体察民情，惩治贪污，使天水地区与国民党其他统治地区有所不同，形成了廉正爱民的风尚。"

张同新在文章中还高度评价佟麟阁说："为国为民，矢志不移，可以概括佟将军的一生。我们知道，冯玉祥将军与他的部队，探索救国的道路是艰难而曲折的，然而奉行救国救民的宗旨却始终不渝。佟将军最能理解老首长的心理。冯将军为推动社会的进步而采取的军事政治行动，无论道路多么坎坷，佟将军从不计较个人得失，总是出色地完成冯将军给他下达的任务。"

佟麟阁是一个对国家尽忠、对战友尽情的人。在陇南担任镇守使期间，佟麟阁专门建立了忠义祠，并为祠堂立了一块碑，亲自撰写碑文：

呜呼！稽陇南忠义祠之立，为叹我师殉义者之多也！我师成立于己未之秋，今第二集团军总司令冯公始为统帅。即以艰苦勤劳救国救民之旨，灌输群才，鼓荡一世，程寒暑，齐劳逸，同饥渴，共安危。于是忌、获、贲、育、颇、牧、信、越之伦，挟其忠诚、刚果、智信、仁勇之德，靡不听部勒，沐陶冶，龙骧麟跃，声应乞求，淬砺奋发，早作夜思，冀得一当以报国家、救人民，虽罹刀锯鼎镬而弗慑，糜驱涂脑而不悔，诸君其素志然也。未几，由陕出关，戡豫乱，戍京畿，班师朝阳，转战于滦河析津卢龙之间，披坚持锐，奋勇前驱，或饮弹而死，或中伏而死，或被执不屈而死。殉身与锋镝，暴骨于草野，前赴后继，累累不绝。比及前岁抗群寇与南口，去年御众匪于陇南，折冲宿将，执殳健儿，捐血肉于枪林弹雨之中者，更复不可胜计。然而吾人努力奋斗之精神，与视死如归之气概，愈如热潮之骤增，如春苗之怒长，此其何故哉？昔人有云："宁为袁粲死，不做褚渊生。"又云："宁为王凌死，不作贾充生。"彼袁粲王凌辈，臣服于一姓国家之下，犹以死为荣，苟活为辱，慷慨捐生，誓无反顾，使千载下感叹、凭吊、景行、企慕而不能自已。今吾人效命国家，民众求幸福，措此身于度外，岂复有权力之见，存乎其间，亦无私恩私怨报复之可言。是则斯人也，虽死于攻，死于守，死于硝烟弹雨，死于钢甲□□飞机地雷之下。吾固知其心安而魂愉焉！岂有随灰尘以俱灭。其声名显赫，传之国史，历千载而不泯焉。讵能不令吾叹观感兴起，铭心刻骨，敢争□效□□于卫国保境乎。虽殒身者为国殇而名不朽，又何待后世之誉扬。然律以崇德报功之义，吾人自应兼容并包，爰以原有陇南忠义祠建立构材葺而新之，祀吾十一师之死于国事者自团长而下共若干人，俾奉□□□□如仪。后之览者追先烈成仁取义之德，益图有勉，庶几吾人所报救国救民之旨，发扬光大而不磨，是则区区创建之微意也。

时在中华民国十七年二月十五日立石。

此碑存于甘肃省天水市秦城区玉泉观内，但后来遭到严重破坏，有一些字句已经无法辨认。

➡ 游子还故乡

★★★★★

（36—37岁）

1928 年，佟麟阁奉命率领十一师进驻甘肃河州，被当地军阀马仲英包围。马仲英利用民族宗教的有利条件，处处与佟麟阁为难。佟麟阁考虑再三，最后，决定以民族大义为重，宁可自己受一些损失。因此，佟麟阁采取了忍让退却的方针，不使用武力。马仲英趁机大显淫威，致使十一师蒙受了一定的损失。事后，佟麟阁深刻地反省，认为自己当时的决策虽然有不得已的苦衷，但过于姑息也有一些处置不当。因此，佟麟阁主动地引咎辞职，解甲归田，回到了原籍高阳县边家坞村居住。

佟麟阁是一个十分孝顺的儿子，这次回家是他难得的一次尽孝的好机会。佟麟阁每日亲自侍奉双亲，逢父母有病，必亲奉汤药，衣不解带，直至病情好转，方始放心。

边家坞村的水质不好，苦得很，但即使是这样的苦水，也不是可以尽情使用。一旦遇上干旱的年头，苦水也断了来源。佟麟阁为了家乡父老，自己出资雇人挖了三口甜井，从此以后，边家坞村的人才算吃上了甜水。时至今日，当年的三口甜井中，仍然有一口还可以供村中的人使用。村中的父老，每每向外人谈起佟麟阁，都情不自禁地向人介绍起这口井的来历。

佟麟阁到底为村中的人做了多少好事，没有人能够数得清。过年时，佟麟阁在村里走访，看到那些吃不上饺子的人家，他便每户接济三块大洋。当时，乡亲们耕地没有畜力，佟麟阁就出资买了一头牛，每天喂饱之后，拴在门外的树上，供乡亲们无偿使用。另外，佟麟阁还办了一所小学，在小学开学时，他看到学生们有的穿戴整齐，有的衣服褴褛不堪，于是便派人到高阳县城买回了一车直贡呢料，给每个学生都做了一身新衣服。

佟麟阁乐于帮助家乡父老，愿意为家乡的百姓造福，但他对家属和乡亲的要求也很严格。

佟麟阁再次离开边家坞村的时候，他把父母接到了身边，与妻子彭静智在一起生活。佟麟阁给母亲买了一台纺车，也给妻子买了一台织布机。婆媳俩有空闲的时间就纺线织布，一来可以添补家用，二来可以给部队赶做些衣服。除此之外，佟麟阁还另备了十台织布机，亲戚朋友，乡里乡亲，谁到他家去，如果住的时间短，就由母亲和妻子照应，给些钱物，支付路费。如果住的时间长，就得自食其力，纺线织布。多少年之后，亲戚朋友和乡亲们还清楚地记得佟麟阁曾经说过的话："我这里不养闲人懒汉。"

在家乡这段时间，佟麟阁始终挂念战友，心系部队，心情并不见好转。这是佟麟阁军人的本性决定的。1929年1月，南京国民政府召开了整编会议，冯玉祥的第二集团军整编为第二编遣区，下辖十二个师。冯玉祥首先想到的就是他的心腹爱将佟麟阁，特意遣人敦请佟麟阁出山。佟麟阁受命后，担任整编第三十师师长。再度披挂出征，佟麟阁心中重新燃起了从戎报国的火焰。

同盟抗日还我河山

（1929—1936）

→ 立马望东北

（37—38 岁）

1929 年 3 月，蒋介石通过一手包办国民党第三次全国代表大会，控制了国民党中央大权。这直接导致了国民党内部派系矛盾总爆发。国民党集团内的反蒋斗争由政治反蒋推向军事倒蒋。1930 年春，阎锡山、冯玉祥、李宗仁等联合发动了反对蒋介石的中原大战。这次是由汪精卫、阎锡山、冯玉祥联合桂系军阀以及石友三的部队组成的一次反蒋大联合，准备以汪精卫、阎锡山主政、冯玉祥主军的三巨头政治取代蒋介石的独裁政治。联合阵线集合 70 万大军，准备与蒋介石集团展开一次破釜沉舟的大决战。但是，这次声势浩大的联合倒蒋以失败告终，冯玉祥被迫宣布下野，离开了他苦心经营了二十余年的西北军，退隐到山西汾阳的峪道河。

中原大战期间，佟麟阁奉冯玉祥命令，在西安成立新一军，并担任军长兼第二十七师师长，负责召集西北军旧部，招募新兵，组织训练，巩固后方。大战失败后，西北军被蒋介石分化瓦解，分别收编。佟麟阁被解除二十七师师长职务后，继续追随老上司冯玉祥，携家眷由陕西进入山西峪道河隐居。

佟麟阁之所以跟随冯玉祥来到峪道河是有其原因的。一则是他衷心乐意追随冯玉祥，愿意与他共进退；二则是与他兵败后的惆怅心情有关。佟麟阁选择遁迹山林、寄情山水的回避之路，实属无奈之举。佟麟阁自1912年投笔从戎，十多年戎马生涯，称得上西北军的宿将了。但结果是西北军为人所败，兵卒全无，这不能不使他寒心。在中原之战中，许多将领都不顾及团体，经不住利诱，见利忘义，背叛了冯玉祥先生多年培育之恩，而导致西北军瓦解，这与他正直忠毅的为人秉性相差太远，就只能寄望于无名无利的君子生活了。

在峪道河的这段时光，佟麟阁的确想忘记世间的一切，真正过一种淡泊名利、与世无争、闲云野鹤般的隐居生活。甚至其中一段时光还的确做到了这些。他终日都陪同冯玉祥读书练字，种菜打猎，钓鱼养花，颐身养性。

佟麟阁少年时期就喜欢书法，除战争紧急的时候暂停外，他每天都要坚持写大字，并且一写就是十几篇，从不间断。在这时期，佟麟阁有了充裕的时间研习书法，因而，他的书法造诣也颇有长进。

除此之外，佟麟阁还有一个个人的爱好，那就是酷爱摄影。这段时光里，峪道河周围的山山水水都留下了他的足迹，佟麟阁用他的镜头摄下了峪道河迷人的湖光山色。

对于这段时光，佟麟阁曾赋有一首《潇洒诗》：

平生喜静好安闲，豪兴烹茶当酒酣。

说什么娥眉凤髻，要什么高官显爵。

君不见万里长城今何在？

六王称霸反遭谗。

不如茅房子整顿几间，

贴一帧唐诗晋字，

挂几副楚山吴水。

养几盆金鱼，栽几钵牡丹；

结几个良朋好友，握手言欢。

爱意时，把诗书看看，琴瑟弹弹；

失意时，打开柴扉，

看山头烟去淡淡，听江边流水潺潺……

这首诗深合当时冯玉祥与佟麟阁的心态，甚至可以说是当时两人生活的写照。因此，当佟麟阁一吟诵，冯玉祥立刻就抚掌称好，并请佟麟阁书好贴在书房之内，以供平日赏玩。

然而，这种闲适的生活节奏并非冯玉祥与佟麟阁二人本心所愿。对于久历沙场、时刻关心国家命运前途的热血男儿，怎

△ 九·一八日军入侵中国

能甘心如此呢! 其实，他们不曾忘记自己一生的追求，他们依旧在关注着国家的前途和民族利益，在一起经常讨论的是过去的得失成败与经验教训，并利用这段时光大量地阅读进步的书籍，广泛结识各方朋友，其中不乏共产党人与其他进步人士。应该说，与这些进步人士的交往，不仅拓宽了佟麟阁的交际圈，更重要的是使他从中受到了启迪，尤其是那些新思想，使得他的思想境界更上了一个新的台阶。

1931 年，震撼东北大地的九·一八的枪声宛若催征号角，使得佟麟阁再也坐不下去了。宁静的峪道河虽然可以坐而论道，但那沦陷的国土岂能坐视不见! 佟麟阁的血已经沸腾，他不愿再隐居下去了，他要投身到维护主权完整和民族利益的洪流中去，从而实现自己终身的追求。

1931 年 9 月 23 日，也就是九·一八之后的第五天，冯玉祥率先发表了抨击蒋介石"不抵抗"政策的通电，严厉谴责蒋介石媚外误国。他严正地指出，蒋介石目前所执行的政策是"与虎谋皮，自欺欺人，仍甘为帝国主义工具而不悔"。10 月 21 日，冯玉祥又通电全国，提出了抗日救国的 13 项主张，即实行全体动员，鼓励军心，恢复党的民主主张，恢复民众运动，起用革命有功人员，实行财政公开，严肃法纪以清吏治等。这些主张虽然不被蒋介石接受，但却受到了广大爱国民众的衷心欢迎，佟麟阁更是率先极力拥护，并积极地付诸实际行动。他受宋哲元的邀请离开了峪道河，来到了地处抗日前沿的二十九军的驻地，担任国民革命军第二十九军中将参赞，帮助宋哲元训练军队。

练兵有方的佟麟阁在这特定的时期，练兵更是突出地强调对士兵的思想教育。"抵御外侮"、"抗日救国"是他经常挂在嘴边的话。他要求士兵在吃饭前唱《吃饭歌》："这些饮食，人民供给；我们应该，为民努力。帝国主义，国民之敌；打倒铲除，我辈天职。"佟麟阁还沿用了西北军举行"国耻"纪念的办法，编有《国耻歌》，令部队演唱。每逢国耻日，开饭时馒头上印着"勿忘国耻"四个字；或者令官兵禁食一天，反省国耻，以期官兵知耻后勇。在对士兵训话时，佟麟阁常引用冯玉祥说的话："你忘了没有，东三省为日本占了去，有硬骨头的人，应当拼命去夺回来。"在旗帜鲜明的爱国教育的熏陶下，二十九军官兵无不同仇敌忾，铭记国耻，抗日情绪十分高昂。日本人曾对二十九军下了这样的评语："该军因与抗日领袖冯玉祥保有关系，故抗日意识深入官兵，实为性质不良之军队。"能被日本人称为"性质不良之军队"，实在是二十九军的光荣。

→ 坐镇张家口

★★★★★

（40岁）

1932年夏，宋哲元担任第二十九军军长和察哈尔省主席不久，就委任佟麟阁担任察哈尔省警务处长，兼省会张家口市公安局长。

自清末庚子以后，察哈尔省就开始设立警政，以维持市民治安。张家口的警察，自清光绪二十八年创立洋务局开始，随后经过了多次的变迁。自佟麟阁担任全省警务处长之后，建立健全规章制度，公安的权限也开始不断完善。

佟麟阁对警察的要求非常严格，尤其是在执法方面更是高标准，讲原则。针对有些军警往往存在不遵法令、拘押人民、滥行罚款的行为，佟麟阁便颁布禁令，严格要求各县局照章执行，对于有些案件不是法律所规定要罚款的，一概不准罚款。否则，作弊者一律受到严办。禁令指出：

为通令饬遵事，国家编订法律，原以保障人民权利，人民犯法，在应得罪行中，只有罚金一项，但必原条文内规定并科，或易科数目，始得因案引用，并不能任意苛罚。兹查本省政军各机关，不遵法令，不察案情，或谓办公需款，或谓纳金赎罪，动辄拘押罚办，勒缴数十元，或数百元之巨额，始于释放。无论隐匿肥己，法所不容，即令如数呈报充公，而人民于灾祲之余，缴尽血浆，忍纳罚款，倾家败产，情何以堪，本主席军长为守法爱民起见，合亟明白告诫，嗣后行政机关，无论遇何案件，凡非法律所规定，一概不准滥罚。至于驻防军队，在地方上。捕获匪犯，或遇有违反军法情事，应即依法审理按其所犯之律条，治以应得之罪名，概不得自行罚款，除分令外，合亟令仰该处遵照，并饬属遵照，慎勿阳奉阴违，致干查究，切切此令。

训令颁布以后，佟麟阁多次深入各个基层公安局了解执行情况。通过明察暗访，佟麟阁发现公安行政机关在依法保障人民权利等问题上比过去有了很大改观，但是，仍然有个别部门"似此玩视政令"，尤其是在概不准滥罚的通令发布之后，"实力奉行者少，而因案罚款者，仍所在多有"。

为此，佟麟阁再次重申法纪并颁布新的禁令，以"彻底肃清官吏贪污，解除人民痛苦"。佟麟阁在这次禁令中强调：

此后除司法范围，税收章则，仍照其律条规定，依旧办理外。凡我行政方面，概不准因案苛罚，即变相之公益捐，而迫令追缴者，亦不准再有。至于违警罚金虽系中央所定，为数甚微，但各局长希图隐匿肥己，每有以多报少，或干涉民刑诉讼，亦假违警名义，而肆行拘押罚办者，弊窦丛生，殊堪痛恨，应即一并免行。嗣后遇违警案件，轻者在局处分，重者送县，依法讯办，概不勒纳罚金。本主席为彻底肃清官吏贪污，解除人民痛苦，特三令五申，俾资遵守。

在这次队伍整顿中，佟麟阁敢于碰硬、敢于较真，对不称职尤其是不执行禁令、滥用职权的人员，不管背景如何，不管官位多高，一律按照禁令予以查办，在整个察哈尔省的警务系统引起了不小的轰动。当时担任怀安县公安局局长的刘耀亭因为滥用私权擅自罚款，被撤职处分并监禁三个月。

除此之外，佟麟阁在担任察哈尔省警务处

长兼领省会张家口公安局长期间，还十分注重提高警察队伍的素质，严把进人关，通过公开招考的方式挑选优秀的外事警官。

为了配合外事警官搞好队伍建设，切实提高队伍素质，佟麟阁投入了大量时间和精力，专门成立警官补习所，并亲自兼任警官补习所所长。此后，在很短的一段时间内，佟麟阁就亲自组织训练男女军警人员达 276 名，不仅为造就优秀的警察队伍打下了坚实的基础，而且为维护一方平安创造了良好的环境。

担任张家口公安局长之后，亲朋好友都想

▽ 佟麟阁与夫人彭静智、次子佟兵于1933在张家口合影

找他谋个好差事。佟麟阁有位堂兄叫佟振清，再三要求之后在佟麟阁所在部队里当了兵。然而，这位堂兄依仗佟麟阁的权势，多次违反军纪，有关人员看在佟麟阁的情面上不敢惩治。佟麟阁发现后，亲自到营房查夜。只见佟振清的铺上放着个枕头，军帽扣在枕头上，被子盖得严严地伪装睡觉，人却不知道跑哪里去了。第二天，佟麟阁找佟振清问明情况，立即召集士兵开会，当众决定惩罚佟振清二十军棍。人们知道佟振清是佟麟阁的堂兄，士兵不敢用力打，佟麟阁夺过军棍，两三棍就把佟振清的腿打得皮开肉绽。

后来，佟麟阁的堂弟佟振宗也来找他谋求工作。

佟麟阁问他："你想干什么？"

佟振宗说："只要在你手下，干什么都可以。"

佟麟阁说："我这里是养兵千日，用兵一时，如果任用私人，都像咱振清大哥那样儿，不就成了一支腐败的军队了吗？关键时刻调遣不灵，怎么能打仗呢？我劝你还是老老实实地在家乡种地。"

佟振宗赖着不走，苦苦哀求，可佟麟阁始终没有给他安排工作。佟麟阁的母亲和妻子埋怨佟麟阁六亲不认，佟麟阁却说："这样不认也好！"佟振宗看所求无门，只好老老实实回家。

由于佟麟阁秉公办事、不徇私情，在他任职期间，察省的地方治安十分出色。虽然，张家口地处塞外，与日伪控制区毗邻，奸细和日本的浪人混杂，伺机蠢动，但由于佟麟阁深得民心，社会治安十分良好，使得这些人没有形成气候，半壁河山得以保全。

→ 隐遁待报国

★★★★★

（40—41岁）

日本军国主义崛起后，就把中国作为它侵略的目标，这不仅因为中国地大物博，令日本侵略者垂涎，更由于中国积贫积弱，被认为是可以任其凌辱的对象。通过甲午战争和日俄战争，日本成功地攫夺了在中国的许多特权，进一步刺激了它侵吞中国的胃口，侵华野心倍增，成为中国最危险的敌人。1927年日本大陆政策的制定，为它全面侵华提出了长期指导方针，从此日本公开干涉中国内政，连续制造挑衅事件。张学良东北易帜，一时使日本吞并我国东北的计划受挫。但国民党政权忙于反共内战与派系纷争，置日本侵略的危险于不顾，给日本侵略者制造九·一八事变以可乘之机。事变发生后，全国掀起救亡运动的高潮，冯玉祥赴南京参加国民党四届一中全会，满怀团结御侮的愿望，希望南京中央从此改弦更张，以实际行动富国强兵，收复东北失地。但蒋、汪合作的国民政府却继续推行对日妥协的政策，始终依赖国际联盟，听任日军践踏我神圣领土，屠杀我同胞。随后，南京政府又把"攘外必先安内"定为基本国策。1932年3月，冯玉祥与蒋、汪分手，隐居泰山，联络各抗日爱国力量，准备开辟救国之路。原西北军的许多将领钦佩冯玉祥的举动，与他建立了密切联系，在各自岗位上潜心努力，为抗日救国积蓄力量，佟麟阁将军便是其中的一员。

1932年10月，一直隐居泰山的冯玉祥突然由山东泰安赶到张家口，专门找佟麟阁商议有关组建同盟军进行武装抗日的事宜。由于事出突然，佟夫人没有准备，不知如何招待冯玉祥先生，就很焦急地问佟麟阁说："事情这么突然，家里一点准备都没有，拿什么来招待冯先生呢？"深知冯玉祥秉性的佟麟阁笑呵呵地说："冯先生来有啥准备的。就拿咱家常吃的小米面窝头，外加大萝卜咸菜招待好了。"果不其然，冯玉祥对于这顿饭很满意。这顿饭不仅很合他的胃口，更重要的是冯玉祥由此看出，他的这位心腹爱将身居高职仍保持着朴素的本色。他高兴地夸奖佟麟阁说："你不愧是我的好部下，做了大官还没有丢失农民的本色。"

饭后，冯玉祥告诉佟麟阁说："目前国势危急，我们不能坐以待毙。我这次复出，决心走武装抗日的道路，国家危亡之际，只有拿起枪来，才是唯一的出路，我们再也不能犹豫了。只有武装抗日，才能救亡图存。"佟麟阁听后，立即抚掌称快，极力赞同。两人就如何开展武装抗日，进行了十分详尽的探讨，最后他们决定组建一支抗日同盟军。商议之后，佟麟阁送走了冯玉祥，按捺不住激动的心情，铺开宣纸，挥毫写下了唐代边塞诗人王昌龄的《出塞》：

秦时明月汉时关，

万里长征人未还。

但使龙城飞将在，

不教胡马度阴山。

王昌龄笔下龙城飞将的飒飒英姿，顿时浮现在佟麟阁的脑海中，他热血沸腾，暗下决心，一定要做今日的龙城飞将，决不允许日本鬼子跨越长城一步。

此后，佟麟阁就按照冯玉祥的指示，积极地开始做各种筹备组织工作。

1933年5月初，北方重镇多伦失守，日本关东军参谋长小矶国昭（后接替东条英机任日本首相，被远东国际军事法庭定为甲级战犯，叛处无期徒刑）接受法国路透社记者的采访时，狂妄地叫嚣："为保卫满洲国西境的安全，日军有进驻张家口的必要。"紧接着，察哈尔的沽源又告失守，整个察哈尔省的形势更加危急。

在此关键时刻，聚集在张家口的各界军民召开"察哈尔省民众御侮救亡大会"，共同推举冯玉祥出任总司令，于5月26日正式成立了察哈尔民众抗日同盟军，共约十余万人。冯玉祥向全国发出通电，决心"武装保卫察省，进而收复失地"，号召全民武装抗日。

当天，佟麟阁、高树勋等十四名高级将领联名通电全国，宣布响应冯玉祥的号召，参加察哈尔抗日同盟军。通电文中说："奉读通电，慷慨陈词，抑郁精神，大为振奋，今后愿在冯总司令领导下，团结全国民众，武装民众，誓以满腔热血，洒满疆场，保我河山，收复失地。"

抗日同盟军总司令冯玉祥发布命令，改组察哈尔省政府，实行抗日政策，健全抗日同盟军组织。在察哈尔省政府序列里，冯玉祥任命佟麟阁为代理察哈尔省主席兼民政厅厅长。在抗日同盟军序列里，佟麟阁又担任抗日同盟军第一军长，下辖四个师及一个旅，是抗日同盟军最为基本的骨干力量。佟麟阁在文武两条线上为抗日救国而日夜操劳，由此可见，佟麟阁在察哈尔省抗日同盟军内的地位举足轻重。

6月15日，召开了民众抗日同盟军第一次军民代表大会。大会确定了同盟军的性质，明确了抗日同盟军为革命军民的联合阵线，以外抗暴日，内除国贼为宗旨。主张与日断交，不承认一切卖国协定，反对任何方式的妥协，誓以武力收复失地。联合世界反帝势力共同奋斗，完成中国之独立自由，实现抗日救国的民众政权。释放爱国政治犯，保障民众集会结社、言论出版、武装自由。取消苛捐杂税，改善工农贫民士兵生活。同时还对同盟军的军事、政治、经济、民众运动等纲领作了决议案。并成立同盟军军事委员会，筹划制定收复失地的措施，选举委员35人，常委11人。佟麟阁是委员和常委之一。

6月20日，佟麟阁、吉鸿昌、方振武等26

▽ 1933年6月，抗日同盟军全体代表的合影。

名将领联名发出通电，表示"为民族生存而战，应民众的要求而奋起，敢对国人一掬肺腑。凡与敌人同一战线者皆为吾仇"。并宣布"重整义师，克日北上作战，克复察哈尔省的失地，再图还我河山"，"四省不复，此心不渝"。这封电文在全国引起了强烈的震动，全国各界纷纷响应，抗日的热潮风起云涌。

佟麟阁积极与北路前敌总指挥吉鸿昌、北路前敌总司令方振武配合，并指令自己的部属——第一军第二师直接归吉鸿昌指挥，出兵张北，积极收复失地。抗日同盟军一鼓作气，连续收复了康保、宝昌、沽源及多伦，并击毙了日军茂木骑兵第四团及伪军李华岭部共计千余人。佟麟阁虽然没有亲临前线，但他坐镇后方，运筹帷幄，筹备军饷，为前方的战事提供强有力的保证。尤其是佟麟阁在后方组织出版了《国民新报》，宣传抗日主张，组织民众武装，为前方输送粮草弹药，救护伤员，收容难民，种种事情不胜枚举。佟麟阁为了前方战事殚精竭虑，不遗余力，为收复失地作出了突出贡献。

但是，如此大好的抗日形势，不仅未给抗日同盟军带来好运，反而愈发引起了极力排斥异己势力的蒋介石集团的嫉恨和恐慌。他们不仅不给抗日同盟军补充给养，反而与日伪秘密合谋，企图两面合围，将冯玉祥的势力扼杀。而察哈尔省本身土地贫瘠，百姓困苦，无力补给抗日同盟军。在外援断绝、给养不继的情况下，冯玉祥为了保存这批抗日的力量，被迫于8月5日通电全国，宣布下野，将收复国土的重任交诸国人。10日后，冯玉祥又迫于蒋介石的压力，离开了张家口。至此，威慑日寇的察哈尔民众抗日同盟军夭折了。

抗日同盟军的夭折对于佟麟阁的打击十分沉重，面对破碎的山河，垂危的国势，作为一名军人，空怀满腔救国图存的壮志而无处报国，佟麟阁内心的忿闷是可想而知的。满腔悲愤的佟麟阁毅然离开了部队，退居北平的香山寓所，以示对蒋介石南京政府的反抗。

好学深思是佟麟阁的习惯，每次的隐居生活都给佟麟阁提供了难得的求知机会，在香山寓所与家人团聚的这段时光，佟麟阁每日精心研读《圣经》、《周易》，试图从中寻找出对于现实出路的启示。除此之外，佟麟阁每天都练习写大字，以抒发自己内心的感受。

作为一个文化素质颇高而又时刻忧国忧民的军人，佟麟阁绝非沉情书道的练笔者，书法只是他内心情感的一种抒发。他时刻都在问自己，到底是为什么，南征北战十几年，竟至于报国无门？应该说，在香山的这段隐居的生活，并没有给佟麟阁带来轻松，反而使得他更加彷徨与郁闷。他时刻都在期待着重新报国的时机。

→ 南苑练精兵

（42-44岁）

佟麟阁虽然隐居于香山，但他时刻都在关心着抗日大局的发展。此间，华北军分会代理委员长何应钦与日本华北驻屯军司令官梅津美治郎签订了《何梅协定》，对于日方提出的"取消河北省和北平、天津两市的国民党总部；撤退驻河北的国民党的中央军、东北军和宪兵三团；撤换河北省主席和北平、天津两市市长；撤销北平军分会政治处；禁止全国的抗日活动"等要求，何应钦都表示允诺。这就使得察哈尔省成为与日伪直接接触的前沿，令刚刚回到察哈尔省主政的宋哲元穷于应付，使得宋哲元根本没有时间来训练军队，更谈不上厉兵秣马来加强武备。作为一个行武出身的政治家，宋哲元深知加强武备的重要性，因此他急需得力的助手来替自己分担这一部分重担。佟麟阁练兵有方在军界是驰名的，因此宋哲元一连写了三封书信，力请佟麟阁出山助自己一臂之力。二十九军的冯治安、赵登禹、张自忠和刘汝明等四位师长，这些昔日的老部下和挚友也联袂相邀，请佟麟阁出山与他们一起共同抗日。与此同时，由于《何梅协定》的签订，在中国共产党的领导下，北平和天津地区的爱国运动风起云涌，"不愿做亡国奴"、"拥护二十九军保卫华北"的呼声，振奋人心。全国的抗日运动也如火如荼，蓬勃向上。这种局势鼓舞了佟麟阁，他认为目前这种时机，正是好男儿报效祖国的日子。于是，佟麟阁欣然接受了宋哲元和二十九军诸师长的邀请，决定出山。

1934年春，佟麟阁在他二女儿的陪同下，离开了香山寓所，前往北平，就任二十九军副军长，常驻南苑二十九军军部，主持全军事务。

佟麟阁上任以后，发现二十九军内部存在许多问题。一是编制混乱。驻军约七千人，包括郑大章的骑兵师、特务旅、三十七师、三十八师各部分部队，还有后勤、工兵和后来新建的军官训练团、军事训练团等，各有所属，并无统一指挥。二是军部缺少一个现代战争的重要机构，就是军事情报处。敌人的军情没有来源，就是有来源也没有应有的机构处理。反之，二十九军在南苑情况及一举一动，日本浪人通过他们在南北小街的活动，了如指掌，他们把南苑兵营画了详细地图，连某房中住几个士兵、简历情况，都记录在案，更不用说装备物资、马匹、武器、兵力调动等重要情况。三是要立即着手建立军官训练团，招收有文化的青年，培养中下级指挥员，改造农民士兵，以适应现代战争的要求。而这一切都要从零开始。

在佟麟阁的建议下，第二十九军决定成立抗日军事训练团，由佟麟阁担任军事训练团团长兼大学生军事训练班班主任。随后以佟麟阁的名义发出了招考通知。许多大、中学生仰慕佟麟阁的坚决抗日的声誉，纷纷前来报考和参军，合格人数远远超过预计。该团于1936年年底编组完毕。佟麟阁决定把军事训练团编制为三个大队：第一

△ 宋哲元手迹"宁为战死鬼，不作亡国奴"

△ 在前线指挥作战的中国守军第二十九军军长宋哲元。1933年2月，宋哲元任华北军第三军团总指挥，参加并指挥了喜峰口战役。

大队，李克昌为大队长；第二大队，张自创为大队长；第三大队，冯洪国为大队长。每个大队辖四个中队，共十二个中队，内有一个东南亚华侨中队。军事训练团学员共计一千五百余名。

佟麟阁在训练团成立大会上致词，痛斥日本对我国的侵略。他说："中华民族是个不屈的民族。二十九军是个坚决抗日的队伍。当此国家民族处于危难之秋，当日寇欲侵占华北之际，我们守土有责，义无反顾。喜峰口战役，我们二十九军打败了敌人，全国父老兄弟姐妹们，都对我军寄予厚望。为此，我们需加紧训练，增强杀敌本领。一旦日寇把战争强加到我们的头上，我们立即反击。那时我个人一定和大家一道，拿起武器，奋勇杀敌，为民族生存而战，为国家荣誉而献身！"这些慷慨激昂的讲话，激励着全军将士，大大提高了他们的杀敌勇气，增强了他们的爱国心和自豪感。

为激励学员的斗志，佟麟阁命军事训练团教育长张寿龄谱写了第二十九军军事训练团团歌：

风云恶，陆将沉，

狂澜挽转在军人，

扶正气，砺精神，

诚真正平树本根。

锻炼体魄，涵养学问，

胸中热血，掌中利刃，

同心同德，报仇雪恨，

复兴民族振国魂！

这首团歌的歌词集中体现了爱国、爱民的主旨，其中"诚、真、正、平"四个字则是第二十九军官兵的训条。佟麟阁进一步向学生们诠释了建立军事训练团的要求和主旨，他说："诚以修身，不骗人，不欺己。""'真'是要真以究理，勿鲁莽勿浮虚之意；'正'是要求正以处事，要光明磊落，大公无私，勿苟言，勿苟行；'平'是要求平等待人，必忠恕，必谦和，誓雪国耻，忠诚为国之意。"佟麟阁要求军事训练团全团上下以此作为一种制度全面推行。

佟麟阁十分注重训练团的军事训练，整个训练团的学科划分以典、范、令为主。典就是步兵操练，范就是射击教程，令就是野外勤务。除此以外，每天要进行武术和机械操训练。和其他部队不一样的是，佟麟阁还要求训练团进行适应气候的训练和夜间训练。他们往往利用大风雪、酷暑、暴雨等恶劣天气进行训练，以防止青年学生产生惰气。

佟麟阁认为，二十九军装备差，一旦中日开战，难以对付具有现代化优势的敌人。只有避其白天之锐，扬我夜战之长，才能弥补我军劣势。为此，

△ 南苑机场七营房（原二十九军军部）

佟麟阁要求受训学员熟练夜间起床武装集合，利用星辰在野外演习，识别方向、地形地物，识别灯火信号以及筑城等演习。他要求学员们做到速而不乱、秩序井然、肃静无声。通过这样艰苦的训练，极大地提高了学员们的战斗素质。

为保证训练质量，佟麟阁深入学员中，事无巨细都要亲自过问。每星期一的早晨，他都以纪念周的形式给学员讲话，用爱国思想教育青年，讲述二十九军长城抗战的光荣历史，要求学员继承和发扬二十九军英勇杀敌的传统，他还给学员讲解当时国内外的政治形势，使他们明确训练的目的。

1936年底，冀察政务委员会为考取大学毕业生训练班的同学建立了同学录，佟麟阁作序指出：

孔子有言：有文事者必有武备。诚以文武之道，相须为用，若天地之有昼夜，四时之有寒暑，万物之有阴阳，不可偏废，偏废则弊生焉。其在三代学校制度，既教以礼乐，复教以射御，文与武常不分，春秋所谓善将兵者皆儒士也。即其后，若汉之诸葛武侯，晋之杜征南、羊叔子、谢太傅，唐之李魏公、裴晋公之流，皆被服儒者，能振武扬威，定一时之大乱，立百世之勋名。即如两宋道学盛行，洛闽宋派最为今世所诟病，然吾观程子之见猎心喜，横渠之好谈兵书，亦岂徒以讲论胜者耶。若范文正之武功，于古人又何多让焉。明季学者空谈心性，更甚于宋，然阳明之勋业，昭昭在人耳目，可不谓之文武兼资乎。有清一代，文胜极矣，然如林则徐、曾国藩、胡林翼、左宗棠、彭玉麟、罗泽南、李鸿章诸中兴名臣，更无一非儒士，故吾谓真书生未有不习兵事者，岂虚言哉。近世文化昌明，科学繁赜，学校科分种类，有专文事者，有专武备者，然有志之士，睹国势之衰弱，未尝不慨然以文事为不足，投笔从戎者实繁有徒。今年秋，冀察政务委员会委员长宋公，观时势之需要，惜人之才湮没，遂下令考选平津保大学毕业生，三试之后，录取五百人，并使来南苑受三月之军事训练，俾知武备之要。麟阁承乏训练主任，尝恨一介武夫，未尝优游文事，又深羡诸生既已文采斐然，更得进而讲求武备，则其才无所偏废也。可知虽受军训之期甚短，诸生倘能本所习之门径而深造之，使之登堂入室，则翌日其必能与汉晋唐宋明清诸贤先后媲美也。有厚望焉。时民国二十五年十二月。

在佟麟阁的亲自领导下，训练团培养了一批抗日干才，他们英勇杀敌，成仁取义，在抗战中作出了巨大的贡献，有的人还加入了中国共产党，成为高级指挥员。这些都是与佟麟阁矢志抗日、全力救国分不开的。

献身民族喋血南苑

(1937)

→ 临危担重任

★★★★★

（45岁）

　　转眼间到了 1937 年，日军也加紧了侵略的脚步。七七事变前夕，北平的外围形势是这样的：西起丰台东至山海关的铁路沿线已经被日本的华北驻屯军控制；北平的东面属于"冀东防共自治政府"统治区，也是日寇控制的傀儡政府；北平的北面和西北面被日寇的走狗"察北伪蒙军"控制；只有北平的西南面还属二十九军的防守之地。这里既是二十九军抗敌的前沿，更是二十九军与大后方联系的唯一通道，二十九军所辖的四个师就散驻于冀察各地，而佟麟阁所率的军部直属部队及军事训练团就驻屯于北平南苑。

　　这时，受命负责维持冀察政局的宋哲元的心态是十分复杂的。作为二十九军的统帅，从其内心而言，他是想抗日的。当年就是他的军队最早喊出"宁作战死鬼，不当亡国奴"这样响亮的口号，他本人也有着长城喜峰口抗日英雄的旧日辉煌。但是，国民政府各派势力的互相倾轧，以及蒋介石集团"不抵抗"的大政方针，又使得他顾虑重重，无法抗日。为了保存实力和地盘，进退维谷的宋哲元选择了回避的策略。1937年2月，他借口为父亲修墓和养病，离开了北平，任命佟麟阁代理二十九军军长。

这样，佟麟阁就成为整个北平地区直接负责者。在日寇咄咄逼人的局势下，佟麟阁可谓是"临危受命"。此时的佟麟阁没有推辞，没有犹豫，毅然承担起重任。佟麟阁深知日本侵占平津之意

▽ 1937年春二十九军高级将领在北平举行军事会议后的合影
（后排右起：佟麟阁、赵登禹、冯治安）

图，他经常以国家处于危亡之中，二十九军肩负抗敌重担，要保持二十九军英勇抗日的传统，不坠军威等，训诫各级军官和士兵。

佟麟阁整日教军练武，他慷慨激昂地对官兵们说："中央如下令抗日，佟某若不身先士卒，君等可执往天安门前，挖我双眼，割我双耳。"佟麟阁将军请缨抗战的消息迅速地传遍四方，全国各地的爱国青年，慕其威名，不远千里地来到南苑军事训练团，入团接受训练。甚至于他的威名都传到了海外，有的海外赤子也从海外归来，投军练武。南苑成了北方抗日的集中地，也是热血青年心中向往的地方。

1937 年 7 月 6 日，日军驻丰台的清水节郎中队，全副武装，向驻守宛平的二十九军的第三十七师要求通过宛平县城到长辛店去演习。第三十七师当然不许，双方僵持了长达十余个小时。高度警觉的佟麟阁闻知此讯，当即指示二十九军做好应变准备，时刻准备应付各种突发事变。

面对日军的猖狂挑衅，二十九军全体战士群情激愤，怒不可遏，争先请战。但在个别将领的头脑中尚存有一丝幻想，徘徊于战与和之间而不能决断。

针对这种情况，佟麟阁在南苑召开的紧急军事会议上，慷慨陈词："中日战争已经是不可避免。日寇进犯，我军首当其冲。战死者光荣，偷生者耻辱；荣辱系于一人者轻，而系于国家民族者重。国家多难，军人应当马革裹尸，以死报国！"这一番话，正气磅礴，义正词严，得到了与会者的热烈拥护，统一了二十九军内的意见，全军将士决心誓死守卫疆土，痛歼来犯之敌。佟麟阁以军部的名义发布命令：凡有日军进犯，坚决抵抗，誓与卢沟桥共存亡，不得擅自后退一步。

佟麟阁这种坚决抗战、为国献身的精神深深教育和影响了部队官兵。众将士纷纷表示不怕牺牲，坚决抗日到底。

当天，时任二十九军军事训练团少校军械官的王慎之找到佟麟阁，把自己多年积攒下来的存在北平城内中南银行的几百元钱的存折交给佟麟阁。王慎之对佟麟阁说："我身为军械官，在战争一触即发的情况下，是不会离开部队回北平城的，倘随军进退不幸而阵亡，此折遗失岂不便宜了银行吗？我想军长是可能进城的，因此，请将军将存折带去给我的女人（王慎之的妻子当时就在佟麟阁家里居住），省得丢失。"

佟麟阁接过存折只略略看了一下。这时，恰巧一位队长进屋报告敌情。佟麟阁将王慎之的存折捂在膝盖上，等到这位队长说完话并且送出门后，佟麟阁便站起身来，在他的小皮箱中取出一个包得很严实的包裹，连存折一同交给王慎之。他说:"你暂时都拿上,若你进城就连我给你的一块儿带去,交给荣(长子佟荣萱)他娘,如果我进城再向你要。"

不一会儿,王慎之接到命令,要他带一辆大卡车和四名士兵,把平日训练用的旧步枪送回城内军械库,并领一批新枪连夜回营。于是,王慎之又来到佟麟阁处说明情况。

佟麟阁对王慎之说:"见了荣他娘,将我给你的东西交给她,就说我很好。军人是打仗的,过去打仗不叫打仗,叫内乱,现在打外国人才叫真正打仗呢!若见到老太爷和老太太,就请他们二老放心,千万别惦记,等把鬼子打跑后我就回家了。此外再没有啥事儿。"

说着,佟麟阁又从脖子上摘下一条十字架项链,放在王慎之手里,托他转交给自己的亲人。

由此可见,这时的佟麟阁已经做好了为国献身、与阵地共存亡的准备。

此时,卢沟桥的形势一天比一天紧张。佟麟阁和二十九军全体将士始终保持高度警惕,严密注视着日军的动向。

→ 七七烽火燃

（45 岁）

1937 年 7 月 7 日，这是一个注定要铭刻在中华民族历史上的日子。

当晚，日军借口一个士兵在军事演习中失踪，强行要进宛平县城去搜查，如此无理的要求遭到了中国守军的拒绝。日军的目的当然并不是要搜查失踪的士兵，实际上，据后来的史料可以证明，日军所谓的失踪者早已归队，日军要搜查宛平县城的理由压根儿就是无事生非，他们要的就是挑起事端。因此，遭到拒绝的日军指派一个中队蛮横地向宛平城外卢沟桥的中国守军开枪射击，又炮轰宛平城。

佟麟阁一得知这个消息，立即命令守卫卢沟桥的二十九军第三十七师一一〇旅旅长何基沣，面对日军挑衅，"立即还击，卢沟桥即尔等之坟墓，应与桥共存亡，不得后退"。接到命令后，该旅的吉星文团金振中营奋起抵抗。划破长夜的枪声震撼了整个华北，震撼了整个中国，也震撼了整个世界。

佟麟阁深知这场战斗不是普通的战斗，甚至决定中华民族荣辱，决定中华民族命运。作为身处最前线的军队，第二十九军责无旁贷，一定要为争取民族生存而战，为维护民族尊严而战，为保卫国家领土主权而战。佟麟阁很快部署各守备部队抗击侵略，同时把具体情况向南京国民政府通报，向远在山东老家请假休息的宋哲元通报。

卢沟桥位于北平西南 30 余里，是当时北平与南方沟通的唯一门户。尤其是在 1937 年初，北平北、东、西三方已经被日军控制的特殊形势下，卢沟桥更是守卫北平的中国驻军的唯一退路。日军选择这个地方为首先的进攻点，其险恶用心是可想而知的。

卢沟桥的激战一直持续到次日上午 10 时方告一段落。到了 11 时至 12 时期间，日军两次向卢沟桥发炮 180 余发，卢沟桥车站附近被敌军占领。同时日军又由永定河东岸向西岸进攻，企图两面夹攻，强行夺取卢沟桥。战斗十分激烈和残酷，在卢沟桥西守卫的金振中营的一个排全部壮烈殉国，桥西的阵地眼看着就要失守，情况万分危急。守卫宛平城西门城楼的某连长看到这种情况，心急如焚，不待请示命令，即刻派出了一个排，

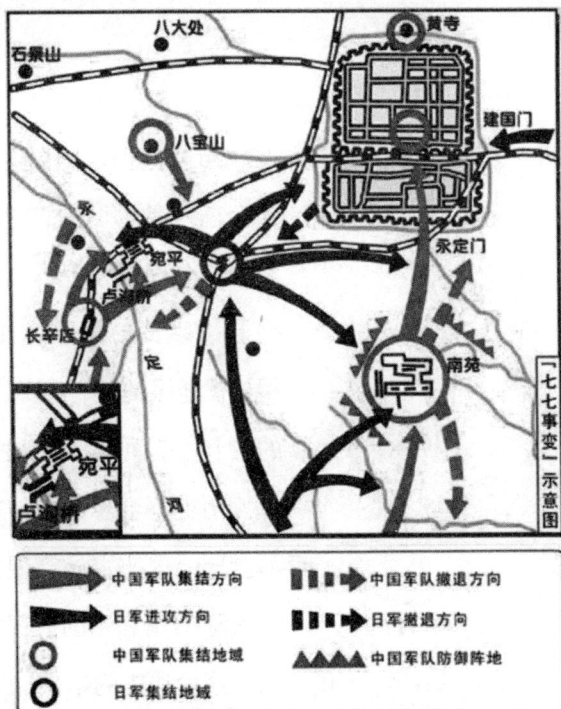

石景山　八大处　黄寺

八宝山　建国门

永　宛平　永定门

卢沟桥　南苑

长辛店　定

宛平

卢沟桥　浑

「七七事变」示意图

中国军队集结方向		中国军队撤退方向	
日军进攻方向		日军撤退方向	
中国军队集结地域		中国军队防御阵地	
日军集结地域			

▷ 七七事变敌我攻防示意图

火速驰援。前来驰援的战士个个手持大刀，与日军展开激烈的肉搏战。大刀上下翻飞，砍得日寇鬼哭狼嚎，抱头鼠窜，稳固了阵地。

最后，进攻宛平县城的一千多日军被分割包围，切断了与后方的联系。只待总指挥一声令下，就可全歼顽敌。可是，二十九军全体将士翘首祈盼到南京国民政府的命令却是："不要扩大事态。"服从军令的二十九军只有将被围的日军放走了事。

7月8日，中国共产党向全国发出了"中共中央为日军进攻卢沟桥通电"，号召全国人民奋起抗日，团结对敌。由此，掀起了波澜壮阔的全民族抗战的浪潮。

与此同时，国民党政府害怕事态扩大，命令前线的部队只许抵抗，不许出击，并加紧与日军进行谈判，委曲求和。然而，蓄意挑起事端的日军岂能如此善罢甘休。10日，得到了增援的日军再次发动了进攻，但在英勇的二十九军面前，日寇的如意算盘再度落空。

历史不会忘记卢沟桥这座古桥，人民也不会忘记这座古桥。现在桥头修建的卢沟桥史料陈列馆和中国人民抗日战争纪念馆正是纪念这段历史的丰碑。

→ **大刀显神威**

★★★★☆
（45 岁）

"大刀向鬼子们的头上砍去，全国爱国的同胞们，抗战的一天来到了！抗战的一天来到了！……"这首脍炙人口的爱国歌曲，最初就是专门谱写给二十九军全体战士的。

二十九军是一个有着光荣辉煌历史的军队，尤其是它的大刀队更是远近驰名，威震日寇之胆。早在喜峰口，就立下了赫赫战功。九·一八事变后，为了提高官兵使用大刀的技能。副军长佟麟阁亲赴北平聘请李尧臣先生来军中担任武术教官。李尧臣深为二十九军抗日救国的精神所感动，慨然允诺同往山西相助。李尧臣来到二十九军后，根据大刀的特点，结合中国传统的"六合刀法"，创编一套"无极刀法"。这种刀法，既可以当刀劈，又可作剑刺，简单易学，实用性强。军部先由各部队抽选骨干，组成大刀队，以简元杰为队长，由李尧臣直接传授刀法，再由他们传给全军官兵。

▽ 二十九军在喜峰口抗击日军

献身民族喋血南苑

佟麟阁还同李尧臣教官轮流到各部队视察、示范，大大增强了将士们的白刃战本领。1933 年，日寇进犯热河，守军汤玉麟连失承德等地，二十九军奉命北上御敌。刚到长城指定阵地，汤玉麟又失喜峰口，情况危急！二十九军迅速出击，与敌展开激烈的肉搏战，日寇见不能取胜竟动用飞机大炮对双方战斗人员狂轰乱炸……二十九军改变战术，持大刀夜袭敌营，一阵砍杀，大获全胜，斩首日炮兵大佐，夺回喜峰口。二十九军初显神威！

而在卢沟桥，二十九军的大刀队又再显雄风。7 月 8 日夜，二十九军吉文星团突击队的青年战士用绳梯爬出城，向永定河铁路桥附近的日军营地靠近。突击队员手持大刀，带着满腔复仇的怒火，砍向敌营中的日军。猝不及防的日军有的成为刀下鬼，有的四处奔逃，有的跪地求饶。一位年仅 19 岁的大刀队员竟一连砍杀日军十三人，生擒一人。大刀队员个个勇猛无比，大刀都砍得卷了刃。这次战斗中，大刀突击队员将日军一个中队几乎全歼在铁路上，二十九军进而收复了永定河东岸。

当时在上海从事爱国救亡运动的著名音乐家、共产党员麦新，被二十九军的事迹深深感动，于 7 月满怀激情地谱写出了专门赞颂二十九军大刀队赫赫声威的战歌《大刀进行曲》，当时谱写的歌词是这样的：

大刀向鬼子们的头上砍去，

二十九军的弟兄们，

抗战的一天来到了！

抗战的一天来到了!

前面有东北的义勇军,

后面是全国的老百姓。

咱们二十九军不是孤军。

看准那敌人,把它消灭。

冲啊! 大刀向鬼子们的头上砍去。杀!

这首歌在抗日战争中不仅给二十九军以巨大的鼓舞,同时也是全国人民反抗日寇的一首战歌,至今仍为人们所传唱,是爱国歌曲中的经典之作。时至今日,由于历史的变迁,那些带有特指性的词语已经逐渐被通用性的语言所替代,但贯穿其始终的精神和魂魄却永存人间。

▽ 抗日战争中的二十九军大刀队

1937 年 7 月 12 日，《世界日报》一篇文章专门报道了二十九军战果。这篇文章的题目为《日贼侵犯宛卢，被我军击退；二十九军之大刀队大杀日贼》。文章分三个部分来报道当日的战况：

（一）11 日，日军 200 名，进攻大王庙，被宋部大刀队迎头痛击，血肉相搏，此队日军被砍断头颅者三分之一，人心大快。

（二）日军新开到之援军，昨日图攻南苑（在北平南六公里，为中国空军根据地）。二十九军大刀队急向日军冲锋，相与肉搏，白刃下处，日军头颅即落，遂获大胜，日军向丰台退却。

（三）日军前锋，昨拟沿铁路桥攻过永定河。华军对河隐伏，不发一枪，追日军行近，大刀队突起，挥刀大杀，日军头颅随刀而下，后队日军大乱，纷纷溃退，华军即用机关枪扫射，日军伤亡无数，两军肉搏，历两小时之久。

日军进攻卢沟桥虽未得手，但也没有善罢甘休，而是由此展开了对于中国内地的全面进攻。

11 日，日本政府任香月清司为华北驻屯军司令。13 日早晨，香月清司就拟出了《7 月 13 日的中国驻屯军情况判断》，以紧急电向陆相和参谋总长作了报告。其主要内容为：中国驻屯军"连同第一次所增加兵力（包括第二十师团）准备合并使用，必要时一举歼灭第二十九军"。

国民政府外交部发表郑重声明：卢沟桥事件转趋严重，责在日方。日如再误，远东将陷危机。

北平市长秦德纯向蒋介石请示机宜。蒋电示应付华北严重局势的方针，以正当自卫、不辱国体为原则。

12 日，蒋介石命令二十九军就地抵抗，并令调孙连仲部第四师北上增援。当日我军强力反击，夺回卢沟桥，并坚守之。

14 日，日军对北平采取包围形势，并犯南苑。佟麟阁指挥南苑守军迎击，击退日军。

二十九军卢沟桥抗战，受到全国军民团体的热烈颂扬和支持。北平市各界、各救亡团体组织战地服务团，到前线救护伤员。还组织劳军团，携带大批慰问品，分赴前线慰问抗战将士。很多群众主动协助守军挖战壕，磨大刀，送弹药，救护伤员。全国各省支援、慰劳二十九军的电报、物资源源不断地涌向北平。冯玉祥又发表谈话说："予深信二十九军及华北民众正准备为捍卫国家而断作勇敢之奋斗、更大之牺牲也。"二十九军 7 月 13 日通电表示："保卫国疆，义不容辞。慷慨赴义，分所当然。"

17 日，日军万余人抵津，大战迫在眉睫。蒋介石在庐山发表谈话，举出解决卢沟桥事件四个条件：第一，任何解决不得侵害中国主权与领土之完整；第二，冀察行政组织不容任何不合理之改变；第三，中央所派地方官吏不能任人要求撤换；第四，第二十九军现在所驻地区不能受任何约束。他还说："如果战端一开，那就地无分南北，人无分老幼，无论何人皆有守土抗战之责任。"

18日，日军6000人进入天津。这时日军入关部队已达五个师团，兵力约10万人。19日，日本内阁召开紧急会议，决定向华北大量增兵，定20日午夜"采取自由行动"。于是日寇大举进犯。

中日两军在卢沟桥一带战事连绵不断，且战况日渐激烈。

➡ 将军殉国难

★★★★★

（45 岁）

宛平一带战事如此激烈，原借口避往原籍的宋哲元也返回了天津。在日方的压力和妥协派的包围下，又产生了和平解决争端的幻想，因此欲苟求保全。

佟麟阁深知此时的局势已无和平指望，只有以战止战，其他的一切都是自取祸端。目睹危机一触即发，佟麟阁心急如焚，急电宋哲元，力陈当时局势的利害关系，请求宋哲元速回北平坐镇，一则稳定大局，二则避免被津沽主妥协的众人所出卖。宋哲元看到这封电文，本来已经动摇的心有了一点稳定。

不料，负责与日方谈判的代表秦德纯等人与日方签订了停战协定。宋哲元对于日方所谓的"不扩大方针"、决心将此事件作为"地方化"争端、要"就地解决"等言论深信不疑，并且于12日发表了力主"和平"解决争端的看法和主张，承认了秦德纯等与日方签订的停战三项协定。他对记者说："卢沟桥事变系局部冲突，可以随时解决。"14日，他又对记者重弹老调，说："此事件只是局部冲突。"为了表示其求和息事的决心和诚意，宋哲元竟断然拒绝了全国各界为声援二十九军坚决抗战而送来的劳军捐款。

但是，日寇早已经确立了武装侵略中国的大政方针，岂能因此而有所退却。与之相反的是，日方从日本本土调集大军，极力扩充其在华北的武装力量，随时准备开始更大规模的进攻。局势十分危急。

19日，宋哲元回到了北平，仍幻想和平，竟然要下令打开封闭的北平城门，并撤去城前的防御工事等，以表示自己寻求和平的诚意。如此幼稚可笑的命令一旦下达，后果将不可设想。佟麟阁极力劝说宋哲元，日方根本没有一丝的和平诚意，绝对不能这样做，如若这样做的话，必将遗恨千古。最后，佟麟阁诚恳地对宋哲元说："此时应作坚决抗战之打算。若军长觉得目前处境不便，请回保定，以安人心。平津责之佟某可也。万一变议而敌来犯，某决以死赴之，不敢负托！"佟麟阁主动请缨，情真意切，终于打动了宋哲元。宋哲元当即决定星夜急调驻防任丘的赵登禹师进驻南苑，支持北平作战。但此刻为时已晚，日军很快地撕去了自己的假面具，在完成战略包围后，在北平

四围同时展开了大规模的进攻。

20日，敌人再攻卢沟桥和宛平县城，受重创，退回丰台。大红门一带也发现敌人。丰台、南苑继续发生战斗。

21日，日军以步、骑、炮及坦克部队总攻宛平，同时炮击长辛店，轰炸廊坊，我军民伤亡重大。

22日，日军秘密向华北运送机械化部队。

25日下午，日军以修理电线为名，强占廊坊车站。

26日日军占领廊坊。同日，日寇从丰台派一个中队，企图进入北平广安门，但遭到刘汝珍团的阻击。当晚，日方即以所谓"广安门事件"向宋哲元提出最后通牒。通牒中声称："1. 三十七师的部队在 27 日之前要由八宝山、卢沟桥撤至长辛店。2. 驻北平西苑的部队在 28 日前退至永定河以西。3. 所有的三十七师部队要退至保定以南。"并且威胁说："如果不实行，则认为贵军未具诚意，而不得不采取独自的行动一谋应付。"

在中国的领土上竟然如此嚣张，拥有主权国家的军队竟然被要求主动地献出国土! 是可忍，孰不可忍! 为打好这场即将到来的战争，宋哲元、佟麟阁等制定了"确保北平、天津两市及其附近地区，对敌为持久战，待机转为进攻，取得最后胜利"的作战计划，其战斗部署为：

第一路军（北平城郊）总指挥张自忠，副总指挥冯治安，下辖右地区部队、左地区部队、北平城防队、骑兵队及总预备队。

第二路军（天津附近）总指挥张自忠，由李文田代，副总指挥刘家鸾，下辖三十八师一一二旅、一一四旅，独立二十六旅，天津市保安队。

第三路军（察哈尔省），总指挥刘汝明，下辖一四三师独立二十九旅，独立四十旅，骑兵十三旅及察哈尔省保安队。

在"指导要领"中规定，第一路军必须占领阵地，巩固北平的南北线，以后方机动部队的余部守备北平。并对第一路军所辖各部队的作战地域、作战要领提出了具体要求；指示第二路军为天津部队作掩护，让部队进入，以便将来顺利作战，根据时机承担坚守阵地、保护该市的任务，以一部警戒大沽海岸

及河川。指示第三路军，"冀察保安队随时与北平城防作战部队保持联络，以康庄附近部分主力占领南口镇，协同沙河镇附近之友军，夹击歼灭侵入昌平之敌"。在"作战方法"中，指示全军"除主要地区平津两市外，要采用游击战打法，集中兵力，设法歼灭孤立之敌"。"敌机械化部队所经过之公路上应埋设地雷，或挖陷阱，设便衣伏兵，由两侧攻击之"。"友军遭敌攻击时，必须从敌侧面援助，出奇制胜"。这份作战计划虽然被日军的军事行动打乱，未能实现，但充分说明了以宋哲元、佟麟阁为首的二十九军上层将领在平津危机的时刻，誓死守土的决心。

27日，南苑虽然相对平静，但四处出没的日军特务和便衣队，已预示着南苑大战即将爆发。

下午，宋哲元决定将二十九军军部移往北平城内，佟麟阁在接到了这个命令之后，他首先想到的是，如果自己奉令撤走，那么必然导致留守的人员军心不稳。而南苑若失守，北平也处于门户洞开的危险境地。在此面临生与死抉择的紧要关头，佟麟阁决定不随第二十九军军部进城，决心与留守南苑的官兵和军事训练团的学员、大学生训练班的学生等一同誓死保卫南苑。

送走了宋哲元等人，佟麟阁心绪很不平静。他踱出训练团，来到附近的田地旁。盛夏时分，南苑四周是一望无际的青纱帐。若不是战争阴云的袭扰，现在该是一年中最令人欣喜的收获季节。可现在，严峻的局势像一块沉重的石头压在他心头，令他万般忧郁。

28日黎明，晨曦初露，一阵尖厉刺耳的警报声划破了南苑清晨的宁静。转眼间，从东北方向蠕动而来的几个黑点已飞临南苑上空。几架日机的突然到来，惊得南苑守军飞奔着冲出营房，冲入阵地。但日机并未轰炸扫射，只是在上空盘旋两圈后又沿旧途遁去。显然，这是日军的侦察机。佟麟阁当即下令部队做好迎击敌机轰炸的准备。少顷，第一波次五架日军轰炸机在二十九军响起的机枪声中飞临南苑上空。这批敌机有备而来，只在营区上空盘旋一周，便从东北角骑兵第九师师部开始，沿排列整齐的营房开始了狂轰滥炸。伴着团团腾空而起的烟火和四处横飞的瓦砾，军部及训练团营房转眼便支离破碎，火光冲天。一个盘旋，日机又把轰炸目标选在了营区外沿的简易阵地和障碍物上。

然而，中国第二十九军南苑守军，别说作战飞机，就连防空武器都没有。一些人员和骑兵师的军马未及疏散，在敌机的狂轰滥炸中喊叫着、悲鸣着。中国军队连日军的人影还未看见便付出了惨重的伤亡代价。

飞机轰炸完毕，得意扬扬地晃晃机身，向回飞去。中国守军还未及松口气，日军野炮便又开始了铺天盖地的远程轰炸……日军是在向佟麟阁施威，向南苑中国守军施威。一向以武器装备现代化而目空一切的日军，企图以这柄高悬的利剑镇住对手，压垮对手。

炮轰过后，从400米外青纱帐里钻出的日军，一波波犹如潮水般开始向南苑中国军营区发起冲击，士气高昂的中国军队抖落身上的灰土，钻出坍塌的工事，准备向日军射击。这时，副军长佟麟阁出现在第一线阵地侧后的一座小土屋旁。他吩咐传令兵，命各中队把敌人放入200米内集中火力猛烈射击。400米、300米、200米，南苑守军阵地上，密集的枪声响起了。直着身子呐喊着向前冲击的日军像是触了电一般，喊声戛然而止，前排的士兵疯狂地扭曲了腰身，后面的日军条件反射般地趴向地上，几分钟前还直冲云天的疯狂不见了。

佟麟阁一直立于第一线，指挥军训五团和学生军训练团官兵迎击日军第二十师团的冲锋。日军一波波往上冲，又一群群地往回退。400 米宽的开阔地成了日本人的天然坟场。两三个小时过去了，敌援军大批开到。以军训团和学生兵组成的防线毕竟顶不住装备精良、久经战阵的日军的冲击，很快有几处防线被日军突破。眼见支撑不住，佟麟阁下令外壕防御部队沿堑壕撤入营区内，利用内砦组织防御。

这时，军训团教育长张寿龄气喘吁吁地跑到佟麟阁身旁，有些气急败坏地说道："哪儿好像出了问题，咱们在这儿打，日本人的援兵怎么来得这么快，这么多？难道军部那边就没打？这怎么可能呢？"

佟麟阁略一沉思，也觉得异样，当下便带着张寿龄走下阵地，他要张寿龄给赵登禹打电话了解情况，但线路已被炸断，电话一直没能打通。佟、张二人对军部那边儿赵登禹师和郑大章骑兵师的情况一无所知。派去联系的人回来带回的消息更令佟、张二人从头凉到脚：军部那边已空无一人。

佟麟阁觉得事态严重，当下便率张寿龄直奔郑大章骑兵师师部。骑兵第九师空旷的营区里狼藉遍地，空无一人。佟、张二人四处找寻仍不见一个人影。最后还是警卫人员费了九牛二虎之力，才在防空洞里找到一名衣衫不整的骑兵师士兵。

"你们的部队呢？"佟麟阁急不可待地向面前这位战战兢

△ 驻守在宛平城的宋哲元部第二十九军紧急赴战

兢的士兵问道。

"今天天刚亮，日本人的飞机轰炸过后便全撤走了。"

"郑师长呢? 也跟着部队走了? "

"是的，他也在黎明率部队撤走了。"

听面前士兵这么一说，一向以宽容待人而被二十九军全军上下称为"佟善人"的佟麟阁当下忍不住火了，气愤地说道："彩庭（郑大章号）这可太不对了，未战先撤却不通知友军。"

事已至此，再说也无用，佟麟阁偕众人离开营区。刚出营门，便见到军部传令兵匆匆向他们跑来："佟副军长，可找到你了。军部命令，南苑所有部队立即撤进城去。电话打不通，所以派我来传令。"

"赵师长知道撤退命令吗？"佟麟阁突然想起了南苑指挥官赵登禹，便问传令兵。

"赵师长早就离开南苑了。大概是早上八九点钟的时候。"

说话间，营区外公路上，从南苑方向撤下的溃兵，秩序混乱地蜂拥而过。一打听，南苑教导团已为日军攻占，各部队乱了，自行往北平城里撤去。

"胡闹！真是胡闹！这打的是什么乱仗，相互间不联系，撤退连招呼都不打，这么无掩护地撤退能退回去吗？！"佟麟阁一腔怨气，无目的地发泄着。

"捷三兄，现在部队已乱，再想集结恐怕不易。不如让部队先往下撤，在大红门调整哨附近掩护收容。"教育长张寿龄是老军人，对部队颇多了解，见情形当下便劝佟麟阁。

"嗨！只能如此了。"佟麟阁一声长叹，随即在众人簇拥下向北退去。沿途日军飞机追逐着公路上溃退的二十九军官兵，疯狂地轰炸扫射。所幸的是，公路两侧的青纱帐多少成了这些溃退官兵的保护伞。溃军虽有伤亡，但损失不大。

佟麟阁立刻率兵到大红门附近去指挥掩护后撤的部队。

大红门，撤退的各部队没有统一指挥，无人掩护，秩序混乱。佟麟阁命令将士兵统一编组，集结为三四千人的临时队伍，开始向城区内作有秩序的撤退。未走多远，前方突然传出了密集的枪弹声。转眼间，这猛烈的射击声顺着队伍向后蔓延开来。

半分钟后，几架日机又出现在撤退队伍的头顶上，猛烈地轰炸扫射。

中国军队中埋伏了！

设伏的是日本华北驻屯军河边旅团。该部先以第二联队突然袭击，打走了二十九军傅鸿恩营，随即该联队追上了旅团主力，于大红门一带设伏，终于截住了从南苑撤下的中国军后卫部队。河边少将命令优势兵力最大限度地发挥火力优势。

场景惨不忍睹。公路两侧日军伏击阵地上，弹密如雨，青烟弥漫；公路上，中国军血肉迸飞，死伤迭枕，惨叫悲鸣声不绝于耳。队列中后部的佟麟阁被这突如其来的打击惊呆了。稍一愣神，他红着眼珠子大喊道："快趴下！隐蔽，向两侧疏散！"但震耳欲聋的枪炮声和日机嚎叫的声浪淹没了他的喊叫。一名随从见副军长目标暴露，欲拉他撤向路旁，佟麟阁一把推开随从，吼道："滚开，你想让弟兄们都让鬼子杀了吗？！快，让后卫连侧面迂回往上冲，把前面部队接下来。"

这时，一梭子机枪子弹从远处的一个小土丘后射来，佟麟阁及身边的副官、随从数人应声倒在血泊中。他的腿部被日军的子弹射穿了，血流如注。佟麟阁咬紧牙关，挣扎着站起了身。

军训团一个大队长带几名士兵围上来，劝他到后面去先治伤。他咬着牙吐出几个字："情况太紧急了，眼下抗敌事大，个人安危事小，你们快冲击吧，别管我！"

众人咬着牙挥泪告别了自己的副军长，向前冲去。佟麟阁原地站着，硬挺着调动部队，调整部署，以期摆脱遭伏击后的困境。但客观地说，此时欲有组织地突围已几乎没有可能，河边旅团精锐的七八千人既有战车又有飞机，卡头断后地把中国军四千多溃兵围在中央，突围谈何容易。

佟麟阁忍着腿伤仍坚持着击退了日军的几次冲锋。此时日军指挥官河边正三，就像一只凶猛而狡猾的猎豹，时而以火力杀伤对手，时而发起小规模的冲击，不断地消耗着中国军队那越来越弱的气力。佟麟阁看穿了河边正三的诡计，命令传令兵道："快去通知各部队，绕开公路，利用路两旁庄稼作掩护，分散突围向城里退。"

这时，又是一批敌机飞临公路上空，扔下一簇簇密集的炸弹，佟麟阁头部中弹，整个身体被冲天的烟尘所吞没，壮烈殉国。这一天，第二十九军副军长佟麟阁还不到45岁。

光辉一生壮烈千秋

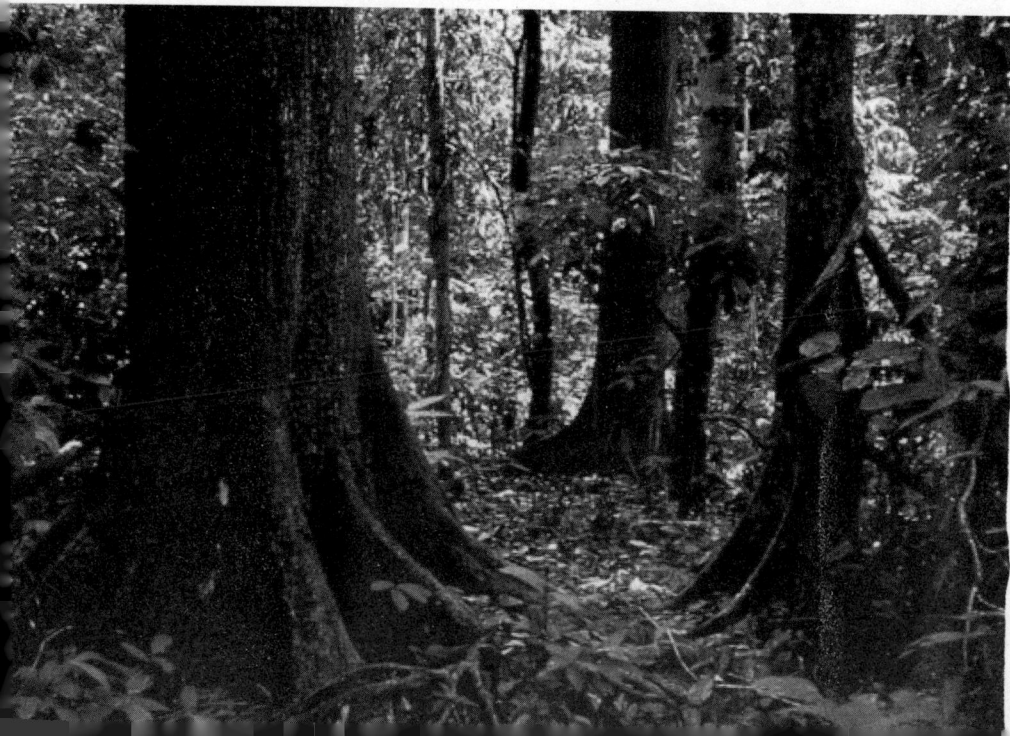

→ 香山埋忠骨

★★★★★

出身未捷身先死，

长使英雄泪满襟！

佟麟阁将军成为中华民族抗击日本帝国主义为国捐躯的第一位高级将领。

佟麟阁的遗体被卫兵中唯一幸存的高弘锡隐藏在村民乔德林家的山药架里，这里有一堵南墙可以阻挡日军火力。在无法将遗体送回城的情况下，高弘锡将佟麟阁的怀表、照相机和手表等遗物送回北平佟家。当时跟随佟麟阁的训练团学员也几乎全部殉国，阵亡学员的尸体被村民就地埋在土路东侧。第二天，佟家忍着巨大悲痛，联系到唯一可以自由出入城的红十字会，在南苑附近时村百姓的帮助下，用门板和排子车将佟麟阁遗体

△ 寄存佟麟阁遗体的柏林寺

抬上汽车运回城。佟将军全身浴血，两目模糊难辨，一行睹状，肃然起敬，放声嚎哭。家人含悲收殓，将其遗体安放在佟麟阁本来为父亲准备的棺材里，为躲避日军报复，隐姓埋名，寄厝于北平柏林寺，其灵柩前只摆放着"先府君胡□□之灵"的牌位。寺中方丈出于对将军抗日爱国的敬慕，即使到北平沦陷，也始终严守寄柩秘密，直到抗战胜利后国葬于香山。

佟麟阁殉国时，其父焕文老先生，母胡太夫人均在堂。佟麟阁有子女六人：长子荣营，次子荣芳（现名佟兵），长女凤华（又名克修），二女凤琴（又名雅农），三女凤鸣（又名安非），四女凤洲。

佟麟阁生前极为重视家教。他是孩子们爱戴而敬畏的父亲。佟麟阁经常让孩子们围坐在他的身旁，给他们讲岳飞、陆游、越王勾践及冯玉祥将军的爱国故事，向他们灌输爱国思想。在繁忙的军务之中，他尽量抽出时间过问孩子们的学习，亲自批改作业。在假日里，他常和夫人带孩子们种菜、养花、培植果树，培养子女勤劳敦厚品德，防止沾染纨绔习气。佟麟阁还引导他们背先贤诗词，陶冶情操。佟麟阁在退居香山期间，有一次和子女朗诵岳飞《满江红》时，忽拍案而起，凝视地图上的东北四省，长叹不已。他嘱咐子女，要效法先贤，立志救国，誓死不作亡国奴。

佟麟阁素有"儒将"之称。他仪表文雅，性格内向而恬静，深沉中不失果断。他是个务实的人，对名利看得很轻，而对读书学习却看得很重。操劳完军务以后，他总是喜欢阅读书籍，常对照书中先贤反省自己。佟麟阁身居高位，却经常虚心向别人求教。军务繁忙，佟麟阁就把那些德高望重、学识渊博的人请到军中讲学，他先后拜过刘继唐、王干臣、柴明德等人为师。他还敬仰李二曲（清朝，李颙）和杨椒山（明朝，杨继盛）为人忠孝，常读《二曲集》和《杨椒山传家宝训》以自修。他在北平古旧书店购买这两种书，让副官送到天坛公园放在石桌之上，供爱好者阅读或带走，既不要钱，也不签名，令其广为流传。

佟麟阁读过的书籍、所作日记、墨宝等，在十年动乱中几乎全部散失，除了现存于中国军事博物馆的一本佟麟阁临摹的颜字和在卢沟桥抗日战争纪念馆寄展的佟麟阁用过的字帖、砚台外，其他都已无从找寻。

佟夫人彭静智是一位吃苦耐劳、忍辱负重的中国传统女性，早年随佟麟阁将军在驻军营地，响应冯玉祥号召，组织军属纺纱织布，为将士做被服，深受将士敬佩，冯玉祥称她为模范夫人。北伐战争中，佟麟阁在前线作战，交通受阻，军饷不济。夫人自告奋勇，化装冒险，亲送款项。佟麟阁初见，颇为惊异，及至问明来意，倍加敬重。所以佟麟阁常对子女说："我的事业的成就，一半归功于你们的母亲。"

夫人勤俭持家，敬老育幼，夫妻相敬如宾。在生活上，夫人对佟麟阁照顾十分周到。如佟麟阁在家，她亲手做他喜爱吃的家乡素食和绿豆面汤，还常伴佟麟阁办公至深夜。佟麟阁对夫人亦爱护备至，教她学文化、写信和阅读书报，体贴夫人辛劳，抽出时间陪她郊游，还把夫人贤德，撰拟成词，刻于手镯，赠与夫人：

瑞卿夫人，随我廿年。

戎马颠簸，历尽艰危。

含辛茹苦，风雨同舟。

尊老育幼，克勤克俭。

镌此数语，以志不忘。

佟麟阁殉国后，日寇占据北平，夫人为避寻衅，迁居陋巷。佟麟阁生前克勤克俭，佟夫人为了一家人，想尽办法谋生。在火药局三条一个三米宽、十几米长的小院里，她支起了一架新买的机器，把白线织成袜子拿到街上去卖，再买回配给的棒子面。和从乡下逃难的亲人一起搬进这个破旧的小院后，在家里没有任何积蓄的情况下，她用微薄的收入维持着二十多人的生活。

最令夫人难过的不是生活的艰难，而是要将佟麟阁殉国事瞒过双亲。佟麟阁为国捐躯之后，相当长的时间内，他在家的高堂父母一直不知道这个消息。原因是佟麟阁对父母极孝，夫人怕父母经受不起这个打击，将佟麟阁阵亡的事情瞒过了。能瞒过其父母也是有原因的。虽然佟麟阁十分尽孝，每逢休假必回家探视双亲，但自从七·七事变发生之后，他为国忘家，虽然他所驻守的南苑与北平城内的寓所近在咫尺，但他却从未返回。甚至于在他的父亲病重时，一向双亲有病必亲奉汤药的佟麟阁也只是挥泪写了一封信给夫人，称"大敌当前，此移孝作忠之时，我不能亲奉汤药，请代供子职，孝敬双亲"。因此，佟夫人每每托词说"佟麟阁南下作战，战事频繁"等等，其父母也就深信不疑。为了长期瞒住二老，夫人伪拟家书，读之听，

以解二老倚门望子的忧悬之苦。她善侍翁
姑二十六载，如将军遗志。尊翁及太夫人于
1952 年和 1953 年先后病逝于北京，均还契
于原籍高阳边家坞村。

1968 年 7 月 1 日，佟夫人病逝于高阳原
籍。1980 年迁葬于香山佟将军墓侧，1990
年 7 月北京市人民政府修整将军陵墓时，遵
夫人遗愿与将军合葬。

→ 世代祭功勋

★★★★★

1937 年 7 月 28 日，在大红门继佟麟阁
将军殉国而牺牲的还有一三二师师长赵登禹
将军。

佟、赵两将军在抗战之初，以血肉之躯，
奋勇捍卫国土，死于民族御侮之战，死于保
卫北平之战，重于泰山，大节凛然。噩耗传出，

平津市民无不泪下，全国军民，海外侨胞同声哀悼：其忠贞报国，不屈不挠，杀身成仁，舍生取义之民族精神，为全国军民树立了光辉榜样，产生了巨大的影响。当时全国军队士气大为振奋，前仆后继，视死如归。亿万青年争先恐后，踊跃从军，奔赴前线杀敌。全国人民坚定抗战必胜的信念，有钱出钱，有力出力，共赴国难。

国民政府于1937年7月31日发布褒奖令，追赠佟、赵两将军为陆军上将，生平事迹，宣付史馆，以彰忠烈。原文如下：

陆军第二十九军副军长佟麟阁，陆军第一百三十二师师长赵登禹，精娴武略，久领师干，前于北伐缴匪及喜峰口诸役，均能克敌制胜，悉懋著勋猷。此次在平应战，咸以捍卫国家保守疆土为职志，迭次冲锋，奋厉无前，论其忠勇，洵足发扬士气，表率戎行，不幸身陷重围，死于战阵，追怀壮烈，痛悼良深！佟麟阁、赵登禹均着追赠为陆军上将。并交行政院转行从优议恤，生平事迹存备宣付史馆，以彰忠烈，而励来兹。此令。

（见1937年8月1日上海《大公报》）

佟、赵两将军系冯玉祥将军二十多年的袍泽，冯将军得知佟、赵为国捐躯的消息后，不胜惋悼。同年8月1日在南京作《吊佟赵》诗一首，以志哀悼：

佟是二十六年的同志，

赵是二十三年的弟兄。

我们艰苦共尝，我们患难相从。

论学问：佟入高教团，用过一年功；赵入教导团，八个月后即回营。

论体格：同样强壮，但赵比佟更伟雄。

佟善练兵心极细，赵长杀敌夜袭营。

佟极俭朴，而信教甚诚；赵极孝义，而尤能笃行。

二人是一样的忠，二人是一样的勇。

如今同为抗敌阵亡，使我何等悲伤！

但我替他二位想想，又觉得庆幸非常，

食人民脂膏，受国家培养，

必须这样死，方是最好下场。

后死者奋力抵抗，都奉你们为榜样。

我们全民族已在怒吼，不怕敌焰如何猖狂，

最后胜利必在我方！最后胜利必在我方！

你们二位在前面等我，我要不久把你们赶上。

（选自《抗日先烈记》第一辑，1938 年 4 月 25 日，独立出版社印）

8 月 3 日，南京首都华商团体抗敌联合会电唁佟麟阁上将家属。略谓佟公为国捐躯，普天悲愤，忠勇精神，感动亿众。海外全休侨胞，誓为国家后盾，共报大仇，敬祈节哀。

（见 1937 年 8 月 4 日上海《中报》）

8 月 5 日，由中共驻共产国际代表团创办、吴玉章在法国巴黎主编的《救国时报》发表了题为《悼赵登禹佟麟阁诸烈士》的社论，文中写道：

赵、佟两将军为二十九军高级将领。从军人本分上说，两将军抗敌守土，奋战至最后一滴血，光荣地完成了保国卫民的天职，足为全国军人的模范。从史实上说，国难六年中曾有不少次的抗战，曾经有不少健儿志士杀身成仁，然而高级将领坚决抗战至以身殉的，却只有赵、佟两将军。这证明我国的军队现有极高度的抗战决心，不仅士气激昂，而且将帅也能矢志报国。从振奋军心上说，两将军为国捐躯的忠勇的气节，足以打破怯阵退缩、贪生怕死的心理，更能激发我无数健儿杀敌致果的决心。除赵、佟两将军而外，我二十九军将士奋不顾身，阵亡于敌人炮火之下的，还不知有若干。这种精忠报国，视死如归的伟大精神，实在是我国军人的最优秀的代表。我向赵、佟两将军以及许多无名的阵亡将士的英魂，致悲愤的、虔敬的哀悼！

毛泽东对于佟麟阁将军为国家民族的献身精神给予很高的评价。他在 1938 年 3 月 12 日，延安举行纪念孙中山逝世 13 周年及追悼抗敌阵亡将士大会上的演说中说：

现在说到追悼抗敌阵亡将士的意义，从卢沟桥事变以来，东方历史上未曾有过的大战，已经打了八个月，敌人是倾全国的力量来打，目标是灭亡中国，战略是速战速决。我们呢？也是倾全国的力量来抵抗，目标是保卫祖国，战略是持久奋斗。八个月中，陆空两面，都做了英勇的奋战。全国实现了伟大的团结，几百万军队与

无数人民都加入了火线，其中几十万人，就在执行他们的神圣任务当中光荣地壮烈地牺牲了。这些人中间，许多是国民党人，许多是共产党人，许多是其他党派及无党派的人。我们真诚地追悼这些死者，表示永远纪念他们，从郝梦麟（龄），佟麟阁，赵登禹，饶国华，刘家棋，姜玉贞，陈锦秀，李桂丹，黄梅兴，姚子香，潘占魁诸将领到每一个战士，无不给了全中国人以崇高伟大的模范。

（见 1938 年 4 月 1 日《解放周刊》）

同年 7 月 7 日，延安举行纪念抗战周年和抗敌阵亡将士追悼大会及抗敌阵亡将士纪念碑奠基典礼。由毛泽东同志领导举行，到会群众一万余人。纪念大会的会场布置非常严肃。在新筑的主席台上悬挂着孙中山及阵亡将领佟麟阁、赵登禹、李桂丹、吴其淳等人的遗像。在这些烈士的面前摆放着许多美丽的花圈。主席台及其两侧布满了各机关、团体、学校、部队及首长们所赠的挽联挽词约有数百幅。兹摘录一部分如下：

　　踏着烈士的血迹前进！（中共中央机关工作人员挽）

　　抗战到底，浩气长存！（毛泽东挽）

　　抗日阵亡将士精神不死，把我们的恶痛化成坚持持久抗战的信念，踏着先烈的血迹前进，驱逐日本帝国主义出中国！（朱德挽）

　　誓以我们血肉和头颅完成先烈未竟事业，为死难同胞复仇！（彭德怀挽）

　　阵亡将士纪念碑，建立在边区政府的前面，由原来的一座八角凉亭改建而成，坐南向北，四周都环绕着用白布扎成的短栏和红色的柱石。

　　　　　　　　　　　　（见 1938 年 7 月 11 日《新中华报》）

　　1938 年秋，宋哲元在湖南衡山观音桥（现名麻姑桥）侧建立双忠亭，为佟、赵两将军立碑纪念。

　　1939 年国民政府在南岳衡山建立一座纪念抗日阵亡烈士的

忠烈祠，并在忠烈祠前建立一座七七纪念塔，于1943年落成。

1943年1月1日，国民政府在陪都重庆举行表忠盛典，宣布抗日殉国将领佟麟阁、赵登禹等一体入祀首都忠烈祠，并同时入祀全国各省市忠烈祠，以资衿式而励来兹。

1945年8月15日，日本帝国主义无条件投降，伟大的八年抗战取得了最后胜利。北平市各界追溯八年抗战的首战功勋，佟、赵两将军之死重于泰山。为了纪念两将军保卫祖国，为国献身的历史功绩，北平市政府于1946年4月5日（清明节）在北平八宝山忠烈祠，隆重举行入祀大典，供奉佟、赵两将军神位。并将北平西城的南沟沿和北沟沿命名为"佟麟阁路"及"赵登禹路"。通州亦因佟麟阁曾在该县指挥抗日，乃命名一条街为"佟麟阁街"，以为纪念。1946年7月28日，佟、赵两将军殉职九周年时，北平各界在中山公园举行追悼大会。公园大门及中山堂门口系有素色牌坊，中山堂内正中设有灵台，供佟、赵二上将遗像。上悬"天地正气"，"未接音程，翘首泰山空抑止；马革裹尸，崇祠遗像肃清高"。佟将军之三女凤鸣撰《慰国魂》一文，楷书四幅，悬于上方右侧，追述其父当年抗战精神及沦陷中的生活情况，语极沉痛，各界尤为感动。此外有将军生前友好同僚之挽联及民众各界的花圈等共三千余件。冯玉祥题写挽联《挽捷三》："儒雅端悫，经武知兵，博爱尤娴基督义；慨慷悲歌，同仇敌忾，成仁共许道麟忠。"公祭仪式肃穆，极尽哀荣。从十时开始，北平各机关、团体、学校代表结队前往灵堂公祭，鱼贯而入，肃静默哀。

佟麟阁上将忠骸亦于同日国葬于北平西郊风景区香山南约一公里的兰涧沟山上他的故居后面。这里曾是佟将军由张家口退居和出山报国的地方。墓地松柏成林，面对百花山，环境十分幽静。是日移灵，灵车由柏林寺出发，经北新桥、东四、东单、东西长安街、西单、西四、新街口，出西直门至香山安葬。全市军民自发组织相送，沿途扎有素坊，居民和单位设案焚香献仪吊祭，万民肃立哀送。经万寿山门前，举行了公祭，仪式隆重。

1946 年 12 月，郑州绥靖副主任兼第四绥靖区司令官刘汝明在河南郑州建立"佟上将军麟阁"纪念碑。

时势变换，但人民钦佩烈士的心情却始终未变。尽管在十年动乱中，烈士的英名曾受到冷落。但乌云终归要散去，人民不会忘记为人民、国家和民族献身的英雄。

1978 年，中国共产党召开十一届三中全会，全面拨乱反正。佟麟阁的子女认为这是申请落实政策的极好时机，便想写信给邓小平副主席，得到了著名法学家史良同志的支持。她慨然应允向邓副主席面交此信，邓副主席立即批交北京市委落实。中共北京市委统战部于 1979 年 8 月 1 日发出通知，定坚决抗日、为国捐躯的佟麟阁为抗日阵亡革命烈士。

北京市人民政府为佟将军修墓立碑，一米多高的汉白玉碑上镌刻着"抗日烈士佟麟阁将军之墓"十一个黑色大字，以纪念他英勇抗日的功绩。此后墓前时有游人所献的香山红叶或各种鲜花。1987 年 6 月北京市人民政府列佟麟阁墓为北京市重点文物保护单位。1990 年 7 月北京市人民政府又进行整修建墓碑铭。

1980 年 7 月 28 日，北京市政协和北京市中国国民党革命委员会（以下简称"民革"）在香山举行扫墓仪式，隆重纪念佟麟阁将军殉国 43 周年。参加的各民主党派的领导同志和佟将军的生前好友、子女亲属等都献了花圈。7 月 29 日，香港《大公报》、《文汇报》、澳门《澳门日报》均作报道，《澳门日报》还刊登了扫墓照片。

1981 年，北京市在卢沟桥建立了卢沟桥史料陈列馆，展出了卢沟桥事变图片及佟麟阁遗像史料，供人瞻仰。1983 年 9 月，国务院批准文化部和北京市政府《关于修复宛平县城墙和修建"七七"抗日战争纪念馆的请示》。同时中共北京市委决定卢沟桥作为青年学习中国近、现代史的三大基地（卢沟桥、圆明园、李大钊烈士馆）之一。

1984 年 10 月 12 日，北京市政府又指示恢复了在"文革"中取消了的"佟麟阁路"的路名。北京市通县亦于 1985 年 11 月 1 日恢复了"佟麟阁街"的名称。

1985 年 7 月至 9 月，为了纪念抗日和世界人民反法西斯战争胜利 40 周年，首都各界开展了各种不同形式的纪念活动：

7 月 6 日，民革中央和民革北京市委组织国民党抗战将领的烈士家属、故旧、部属等凭吊卢沟桥旧战场，缅怀为国捐躯的爱国抗日将领佟麟阁、赵登禹等烈士。

△ 佟麟阁墓（此墓毁于文革，重建于1979年10月）

全国政协、民革中央、北京市政协、北京市民革、中国人民军事博物馆等分别召开了座谈会，邀请佟麟阁烈士的子女亲属出席发言，缅怀先烈。

8月12日，北京市政协祭扫佟麟阁烈士墓，各民主党派和人民团体敬献了花圈，表达首都人民对民族英烈崇敬怀念之情。

8月13日，中国人民革命军事博物馆抗日战争纪念馆开馆。佟麟阁烈士的子女及亲属受邀出席。馆内建有佟麟阁烈士塑像一尊，展出他的遗像、史料、墨宝等。

9月3日，首都各界两万余人在人民大会堂隆重集会纪念抗日战争和世界反法西斯战争胜利40周年。佟麟阁烈士的次子佟兵系大会主席团成员之一。

为了纪念中华民族抗日战争的伟大历史意义，教育人民发扬爱国主义精神，中共中央决定在抗日战争爆发地——卢沟桥畔，建立一座"中国人民抗日战争纪念馆"。该馆于1987年7月7日举行落成典礼，隆重纪念七七事变50周年。纪念馆建筑雄伟肃穆，前面的一尊巨大的醒狮塑雕象征着觉醒的中华民族的雄姿。修复的宛平

△ 中华人民共和国民政部颁发的佟麟阁烈士证

城墙和古老雄伟的卢沟桥，重新焕发了青春。

1997 年，北京市政府修整了佟麟阁将军在香山的墓地，并将佟麟阁将军墓地列为"北京市重点烈士纪念建筑保护单位"。

2005 年 9 月 3 日，中共中央总书记胡锦涛同志在纪念中国人民抗日战争暨世界反法西斯战争胜利 60 周年大会上说："在空前惨烈的抗日战争中，中国军民前赴后继、浴血奋战，面对敌人的炮火勇往直前，面对死亡的威胁义无反顾，以血肉之躯筑起了捍卫祖国的钢铁长城，用气吞山河的英雄气概谱写了惊天地、泣鬼神的壮烈史诗。"在谈到卢沟桥事变时，胡锦涛指出："1937 年七七事变成为世界反法西斯战争在东方的爆发点，中国的全民族抗战开辟了世界第一个大规模反法西斯战场。"他还把在抗战中阵亡的国民党高级将领佟麟阁、赵登禹、张自忠、戴安澜，以及国民党军"八百壮士"，与共产党的英雄一起并列为"中国人民不畏强暴、英勇抗战的杰出代表"。

英雄的二十九军的将士们点燃了卢沟桥的烽火，燃烧起中华民族神圣的全民抗战、民族解放的怒火。这怒火锤炼了中国人民，埋葬了日本侵略者，结束了帝国主义一百多年侵略中国的悲痛历史，洗涤了国耻。佟麟阁将军和无数抗日先烈的一片丹心，浩然正气，将与河山齐寿，日月同辉，永远鼓舞着子孙后代振兴中华，奋勇前进!

后　记

为了民族的记忆

在即将截稿之时，回顾佟麟阁将军的一生，脑海中浮现的是近代中国一段屈辱的历史，同时也是中华民族不屈不挠抗争的历史。佟麟阁的名字，必将伴随着中华民族反帝反封建斗争，成为我们中华民族不可磨灭的记忆。

佟麟阁将军在每一次国家发生重大事件的紧要关头，他总是顺应历史潮流，挺身而出，坚定地站在反帝反封建的革命一边，为保卫祖国而战，卒以身殉。在辛亥革命后，国内存在着复辟与反复辟的斗争，他坚决站在孙中山倡导的民主共和及国民革命方面，拥护冯玉祥将军的主张。当张勋复辟帝制时，是他参加廊坊起义，阻止张勋从徐州调兵进北京。当第二次直奉战争时，是他参加了首都革命，在徐水以南击败曹世杰部。当国共第一次合作北伐时，是他参加五原誓师，响应北伐，率领十一师积极作战，与北伐军会师于河南郑州。当九·一八事变后，全国人民要求抗日，挽救国家危亡。长城抗战后，日军步步逼近，华北危殆。是他拥护冯玉祥将军成立察哈尔民众抗日同盟军。七七事变时，是他率部首战日寇，虽不幸阵亡，以身殉国，但名垂青史，受到后代子孙的敬仰。

胡锦涛同志在纪念中国人民抗日战争胜利暨世界反法西斯战争胜利 60 周年纪念大会上说："中国国民党和中国共产党领导的抗日军队，分别担负着正面战场和敌后战场的作战任务，形成了共同抗击日本侵略者的战略态势。以国民党军队为主体的正面战场，组织了一系列大仗，特别是全国抗战初期的淞沪、忻口、徐州、武汉等战役，给日军以沉重打击。"历史上，国共两党的两度合作实现了北伐和抗日的大业，有力地促进了我们民族的进步。在抗日民族统一战线旗帜下，国共两党同各民主党派、各阶级各阶层爱国人士联合进行了神圣的民族战争。

我们不能遗忘，许多像佟麟阁将军一样为民族独立而英勇殉国的国民党爱国将士，他们都是英勇抗战到最后一刻而牺牲的。许多将领的事迹，足以惊天地泣鬼神！他们是中华民族的精魂，他们与在抗击日本侵略军而壮烈牺牲的无数共产党员、我军将士和人民群众一样，应该永远铭刻于民族的史册，他们同样是我们民族永恒的记忆！